王家歆 著

嫦娥、李商隱、包拯探賾

文史哲學集成

文史哲出版社印行

國家圖書館出版品預行編目資料

嫦娥、李商隱、包拯探賾 / 王家歆著. -- 初
版. -- 臺北市：文史哲，民 96
　頁：　公分. (文史哲學集成；526)
ISBN 978-957-549-708-8 (平裝)

1.中國文學 – 論文，講詞等

820.7　　　　　　　　　　96005213

文史哲學集成 526

嫦娥、李商隱、包拯探賾

著　　者：王　　　　家　　　　歆
出版者：文　史　哲　出　版　社
http://www.lapen.com.tw
登記證字號：行政院新聞局版臺業字五三三七號
發行人：彭　　　正　　　雄
發行所：文　史　哲　出　版　社
印刷者：文　史　哲　出　版　社
臺北市羅斯福路一段七十二巷四號
郵政劃撥帳號：一六一八○一七五
電話886-2-23511028・傳真886-2-23965656

實價新臺幣二六○元

中華民國九十六年（2007）五月初版

自 序

　　這本書中收集了我的六篇論文，分別研究嫦娥、李商隱、包拯的一些問題。這六篇論文是不同時間寫的，其中有四篇曾刊登於不同學報。第一篇論文〈羿與嫦娥神話研究〉，96 年 1 月刊登於《國立臺中技術學院學報》第 8 期第 1 冊。第二篇〈李商隱著作考〉，80 年 1 月刊登於《興大中文學報》第 4 期。第三篇〈李商隱詩文集版本考〉，80 年 6 月刊登於《臺中商專學報》第 23 期。第四篇〈李商隱詩註本考〉、第五篇〈李商隱文註本考〉，未曾正式發表。第六篇〈《宋史·包拯傳》疏證〉，91 年 12 月刊登於《國立臺中技術學院人文社會學報》創刊號。現在因為某些機緣，結集成書，便於讀者閱覽，研究者參考。

　　不同時代、不同性質的三位人物、六篇論文，收集在一本書中，最麻煩的是取書名。思考很久，又請教了些親朋好友，最後決定用出版社建議的《嫦娥、李商隱、包拯探賾》。這個書名不是最理想的書名，但三位人物都出現在書名中，而且在搜尋引擎（如 google）中，找不到類似的書名，算是比較獨特的書名。

　　有不少學者研究嫦娥，我參考了他們的專書及論文，收集了資料，分析歸納後，有了些假設及合理推論。又找出證據來證明我的假設，來解釋嫦娥神話。但是，解釋神話，往往會面臨文獻不足徵的窘境，不可能完全無誤。我的解釋也未必百分之百正確，尚能自圓其說，還算合理，並有點創見。

　　李商隱的四篇論文，是意外的產物。本來我想研究李商隱的詩，地毯式收集了兩岸的李商隱論著。在研讀資料時，發現李商隱的著作尚無人研究，就寫了篇〈李商隱著作考〉。寫作時，發覺有些問題較少人著墨，尚待研究。於是，又寫了〈李商隱詩文集版本考〉、〈李商隱詩註本考〉、〈李商隱文註本考〉等篇。這幾篇李商隱論文，雖然是多年前寫的，還有些參考價值。

　　我仰慕包公，利用休假時間，想寫篇包公論文。開始收集資料之後，才發現包公資料很少，其中最重要的是《宋史·包拯傳》。於是，想先對〈包拯傳〉作一疏證工作，便完成〈《宋史·包拯傳》疏證〉一文，深入研究《宋史·包拯傳》。

　　這次將六篇論文，結集出版，還遇到一困難。十多年來，論文格式已經有變化。嫦娥這篇比較後寫，用的是現在的格式。包公這篇，格式比較傳統。李商隱四篇，格式舊了點。這次出版，李商隱這四篇，書名、篇名符號都修改了，註釋也改成隨頁註。另外，這四篇有些參考文獻是相同的，所以只在四篇後面，加上「總參考文獻」。

　　敝帚自珍，本是常態。老王賣瓜，自賣自誇，也是尋常。在我看來，這六篇論文，下了不少工夫，花了不少心思，略有些見解、創見，應該有學術價值。不過，是否真正有價值？是否能傳之久遠？還是要由讀者來判定。希望讀者能多加指正，我才能精益求精，更上層樓。

民國96年3月王家歆序於台中

嫦娥、李商隱、包拯探賾

目　次

羿與嫦娥神話研究

摘　要

　　本文研究羿與嫦娥神話，分成玖部份：壹、前言。貳、天神羿爲日神。舉出四個證據，推論天神羿的真實身分，應該是日神。參、天神羿非有窮后羿。提出證據證明，天神羿和有窮后羿，是完全不同的兩個人。肆、羿求不死藥。只有后羿這種英雄人物，才能登上崑崙求到不死藥。伍、羿與嫦娥－射日與奔月。探討羿射日神話和嫦娥奔月神話的關係，射日神話和嫦娥無關，奔月神話和羿有關。本節縮結上三節羿與下三節嫦娥。陸、嫦娥非常儀。舉出四點相異之處，認爲還是分成兩個神話人物，並存較妥。柒、嫦娥竊藥。竊藥真相是：日神是會死的，月神是不死的。捌、嫦娥奔月。詳細解讀嫦娥奔月神話之後，發現其中有三種對立：背叛、忠誠的對立；死、不死的對立；後悔、不悔的對立。玖、結論。本文係根據現存文獻及今人研究，做出合理推論，並舉出證據，以證明推論。

關鍵詞：嫦娥、奔月、羿、日神、不死藥。

壹、前　言

　　神話就是一種解釋，主要是在解釋自然現象，也解釋一些社會生活[1]。先民因為知識不足，對種種自然現象充滿好奇與不解，因而透過想像給自然現象合理的解釋。不管我們認為先民對自然現象的解釋，有多麼荒謬，甚至可笑。但在先民的頭腦中，這些解釋都是合理的、真實的，是實際發生的[2]。我們不應該以今日的眼光，來看待神話，反而應該站在先民的處境、立場，來思索神話蘊含的意義，這樣才能真正瞭解神話。

　　其次，神話在於解釋社會生活。先民的社會生活，沒有今日複雜，但也有許多讓先民疑惑之處。先民為了解釋這些社會生活，產生了種種不同的神話。這些神話往往是幻想虛構的，但這些幻想虛構，並不是胡思亂想，也不是憑空虛構。而是有根據、有背景的幻想虛構。也就是真實的擴大、壓縮、增強、減弱，甚至是變形。這些幻想虛構，或許不合乎現代人的邏輯，卻是合乎先民邏輯、神話邏輯的。

　　神話是一種解釋，研究神話也是一種解釋。神話是先民對自然現象、社會生活的解釋，研究神話則是在解釋先民的這些幻想、虛構。因為時間的阻隔，我們和先民已差距數千年，想要瞭解先民的想法，並不容易。想要解釋神話，更是困難重重。但要研究神話，就不得不去嘗試解釋神話。當然，今天我們有許多外國的神話理論可以參考，比如結構主義之父李維史陀的「二元對立關

---

1 譚達先，《中國神話研究》（臺北：木鐸出版社，1982 年），頁 1-2。
2 參看蕭兵，《神話學引論》（臺北：文津出版社，2001 年），頁 22。

係」。但在運用這些外國理論時，也要考慮中國神話的獨特性，是否能用外國神話理論來解釋中國神話。

古代中國有許多神話，其中以嫦娥神話，特別引人注意。嫦娥神話引起注意，大概和中秋節有關。每到中秋節，在吃月餅、賞月之餘，當然也會想到羿、嫦娥奔月、玉兔搗藥、吳剛伐桂，種種神話故事。本文就是針對嫦娥神話的男女主角，羿及嫦娥深入研究，提出各種解釋，希望能更瞭解嫦娥神話。

貳、天神羿爲日神

研究嫦娥神話，必先討論羿這位天神。羿，在神話中，是嫦娥丈夫，和不死藥、嫦娥奔月，有著密切關係。要先瞭解羿的真實身分，才能解決許多的問題。也可以說，羿就是解開嫦娥神話之謎的鑰匙。

羿，似乎只是位天神，帝俊派羿到人間。羿到人間後，憑著他高明的射術，射下了九個太陽，並爲民除害，射殺了六種怪物。羿，成了英雄，爲萬民景仰。歷來一般神話研究者，就接受了上述說法，認爲羿是射日除害的英雄，從未懷疑羿的身分。然而，當深入去探討羿的所行所爲，卻發現羿的身分極爲複雜。根據各種現存資料，詳細分析後，筆者認爲羿的真實身分，應該就是日神[3]。以下就是分析結果和證據：

1、羿是嫦娥的丈夫，學者一般認爲嫦娥是月神，月神配偶當然是日神。在各民族神話中，日神和月神，往往是夫妻關係。

---

3 蕭兵認爲，后羿身上「日神」色彩淺淡得幾乎看不見。同註 2，頁 69。

這種關係，寫成公式，就是：羿=嫦娥丈夫=月神丈夫=日神。羿，是日神。

2、日神的形象，也是帶著弓劍的神射手。〈九歌‧東君〉：「**青雲衣兮白霓裳，舉長矢兮射天狼。**」[4]顯然，日神帶著弓箭，會舉弓射星的。茅盾認為，想像太陽神是善射者，武器是弓箭，也是常見的事；因為太陽光線射來，容易使原始人起了弓箭的想象[5]。日本的太陽神天照大神也帶著弓箭。希臘神話中，相傳太陽所發出的光芒，就是太陽神阿波羅手上弓箭射出的箭光。就這一點言，羿和日神是一樣的。羿，是日神。

3、日神和射日，既矛盾又統一。我們研究神話時，要特別注意，神話往往被很多煙霧所遮蓋。因為被煙霧遮蓋，常會看不清楚真相，必須撥雲霧、見青天，才能瞭解真相。就羿射日來講，就是有許多煙霧遮掩。羿用神箭，射下了九日，從表面看來，羿就是太陽的敵人，和太陽是敵對的，是矛盾的。可是，太陽真的能射下來嗎？可以用弓箭射下來嗎？什麼是羿射日的真相？其實，這個神話要傳遞的訊息，就是太陽失去控制，本來應該輪流出現，現在卻十日並出。因此，日神不得不出面管理太陽，讓太陽恢復秩序。日神有權管理太陽，決定太陽的運行，日神可令天上只剩下一個太陽，其他九個太陽隱藏不出，恢復正常秩序，這日神，就是羿。射日，只是煙霧。真相是日神羿，出面管理脫序的太陽。射日和日神，似乎是矛盾的，卻又是統一的。敵對雙方，應該是一樣的。羿，是日神。

4、在神話中，天神羿除了射日除害，求不死藥之外，還和洛水女

---

4 宋‧洪興祖，《楚辭補注》（北京：中華書局，2002年），頁75。
5 茅盾，《中國神話研究初探》（上海：上海古籍出版社，2005年），頁70。

神戀愛。〈天問〉中說：「**胡射夫河伯，而妻彼雒嬪？**」[6]雒嬪是洛水女神。我們要注意，神話中，嫦娥是月神，是羿的妻子，而洛水女神又成羿的妻子。羿有雙妻，享齊人之福。我們要問，什麼樣身分的天神，能娶月神，又娶水神？那就是日神。從這點，也可看出羿就是日神。另外，還有一佐證。苗族有「仰阿莎」傳說，在傳說中，「仰阿莎」是個美麗女神，擅長刺繡，創苗錦工藝。「仰阿莎」與太陽結了婚，太陽為名利，輕別離，另結新歡，九年不歸，仰阿莎獨守空閨。最後是，仰阿莎與舊情人太陽弟弟月亮私奔，偷偷結婚。經天狗理老（猶同今日律師）審判後，成了合法夫妻。。「仰阿莎」，漢譯為「清水姑娘」，傳說「仰阿莎」是龍女，從螃蟹挖的凱裡龍井裡走出來，可見「仰阿莎」應該是水神。「仰阿莎」傳說，就是日神、月神、水神的三角關係。再和羿、嫦娥、洛神關係，互相對照，可知也是日神、月神、水神的三角關係。再進一步思考，日神、月神、水神為何會產生關連？這就和水的特質有關。當水面平靜無波時，波面如鏡，白天能反射太陽，晚上能反射月亮，使太陽、月亮都和水有了關係。這種物理上的關係，到了神話，加上美麗的色彩，就成了夫妻、情人的關係。根據以上分析，寫成公式，就是：羿＝嫦娥丈夫＝月神丈夫＝水神丈夫＝日神。羿，是日神。

根據上面的分析和推論，天神羿的真實身分，應該是日神。羿射日之後，天帝大怒，貶羿到人間。有些神話學者，以為是羿射死了太陽，太陽是天帝之子，因此天帝仇恨羿[7]。明明是天帝派羿到

---

6 同註4，頁99。
7 袁珂，《中國神話傳說》（臺北：里仁書局，2000年），頁419。

人間，來解決十日並出問題[8]，帝堯命羿上射十日的[9]，爲何又因羿射日而大怒？似乎有點矛盾，而且從古籍中，也看不出天帝爲此動怒[10]。現在，我們知道羿是日神，那羿被貶人間，就很容易解釋。羿貶到人間，是種懲罰，懲罰日神羿失職，沒有管理好太陽，竟然讓十日並出，危害萬民。這才是羿被貶謫的真正原因。瞭解羿的日神身分後，許多迷團迎刃而解，可以解釋貶謫原因，也可以解釋嫦娥竊藥、奔月諸問題。

或許有人會問：不是已經有日神了嗎？如羲和、東君，羿怎麼會是日神？我們要特別說明一下：神話中的日神不只一位。而且，這些日神，也可能彼此之間，毫無關係。當然，也許這些日神，是不同民族的日神，後來混在一起了。這種狀況，和月神相同。何新認爲，女媧、西王母、嫦娥都是月神[11]，可見月神也不只一位。但我們不能因爲這三位都是月神，就說女媧＝西王母＝嫦娥。這三位月神，各有各的來歷，各有各的背景，他們卻都是月神。同樣的狀況，我們也不能說，羲和＝東君＝羿。他們三人，都是日神，卻各自有不同來歷，不能混在一起。

還有個相關問題，在這裡一併討論。十日並出，天神羿射下九日，那九日結局如何？觸及這一問題的學者極少，僅見潛明茲、宋耀良二人著作談到此事。潛明茲說：

> 羿射下的九個太陽掉到哪兒去了呢？據說變成了沃焦。沃

---

8 管東貴〈中國古代十日神話之研究〉，認爲：「中國古代的十日神話與十干紀日的旬制有直接的關係。它是在『日』字兼有『太陽』及『日期』的雙重意義下，由十干紀日的旬制演變來的。」古添洪、陳慧樺編著，《從比較文學看神話》（臺北：東大圖書有限公司，1983年），頁134-135。

9 何新認爲，羿射十日是暗示重大曆法改革，由火曆取代太陽曆。何新，《諸神的起源》（臺北：木鐸出版社，1987年），頁205-206。

10 王孝廉，《神話與小說》（臺北：時報文化出版企業有限公司，1986年），頁77。

11 同註9，頁73。

焦，在碧海的東面，是一塊闊四萬里，厚四萬里的大石頭，位於百川的下面，故又名尾閭（見《錦繡萬花谷》前五集）。因沃焦為九陽所變，很不平凡。傳說，天下最強大的，是東海的沃焦，百川的水不斷地往那裏灌。沃焦是一座山，在東海南方三萬里，海水一灌到那裏就消失了。因此，水朝東南流總沒有盈滿的時候。（見魯迅《古小說鉤沉》輯《玄中記》）。[12]

潛氏根據《錦繡萬花谷》、《玄中記》，來解釋沃焦的的來由、位置、狀況，與海水關係。實際上，這種說法出自《莊子‧秋水》成玄英疏，而且和《山海經》有關。宋耀良說：

關於羿射十日傳說的記載，其實還要早於西漢的《淮南子》所記。有學者認為在戰國至漢初楚人所作的《山海經》中就記載。《莊子‧秋水》成玄英疏中，首引《山海經》云：「羿射九日，落為沃焦。」大概引的是《山海經》古版本，可惜今無存。現傳下的《山海經》只記有羿這人，而並無射日之事。[13]

在《莊子‧秋水》篇中提到，萬川歸海而不盈，尾閭泄之而不虛[14]。成玄英疏，以爲尾閭在碧海東方，亦名沃焦。成氏疏曰：

尾閭者，泄海水之所也；在碧海之東，其處有石，闊四萬里，厚四萬里，居百川之下尾而為閭族，故曰尾閭。海水沃著即焦，亦名沃焦也。山海經云，羿射九日，落為沃焦。此言迂誕，今不詳載。[15]

---

12 潛明茲，《中國古代神話與傳說》（臺北：臺灣商務印書館，2000 年），頁71。

13 宋耀良，《中國岩畫考察》（臺北：聯經出版事業公司，1998 年），頁39。

14 清‧郭慶藩，《莊子集釋》（臺北：河洛圖書出版社，1974 年），頁563。

15 同註14，頁565。

成氏解釋了尾閭又名沃焦的原因,並指出九日落下,即爲沃焦。我們要注意的是,沃焦的位置是在碧海之東,恰好和日出東方相同,應當不是巧合。沃焦是塊大石頭,也就是說九日被射下後,落入東海,變成大石頭。也有人質疑,既然是九日,爲何落下變成一塊巨石,而不是九塊石頭?這問題筆者實在不知道該如何回答,只能說神話自有神話的邏輯,有些未必能以常理去推測。

九日的體積應該很大,所以沃焦這塊大石頭體積也很驚人,闊四萬里,厚四萬里。如果再從反面推論,九日落海變成大石頭,那九日在天空時,可能也是大石頭。然則,九日或許是隕石或流星,被先民誤認爲太陽。也可能先民見到隕石、流星,從高空落下,才有射日神話。既然是從天空射下的九日,那溫度一定極高,海水沃著即焦,應該是指海水碰到沃焦,就化爲水蒸氣了。

參、天神羿非有窮后羿

常有人以爲射日除害的天神羿,和夏代諸侯有窮后羿,是同一個人,把神話人物,變成歷史人物[16]。這樣會弄亂了羿和嫦娥的關係,造成很多困惑,產生神話解釋上的嚴重問題。所以,一定要詳細分辨清楚,瞭解天神羿是天神羿,有窮后羿是有窮后羿,兩者完全不同。不過,在〈天問〉中似乎就已經弄混天神羿和有窮后羿了

我們要特別留意,從古書記載看,在中國古代,曾出現三個羿。這三個羿,常被混在一起,使後人困惑不解。陳天水說:

---

16 林錦花,《中國神話研究》(臺灣:信利印製有限公司,1985 年),頁 96。

根據古書記載，歷史上有三個羿：一見於《說文》，羿為帝
嚳的射師；二見於《淮南子·本經訓》，羿為唐堯時射日除
害的英雄；三見於《左傳》襄公四年，后羿為夏代有窮國
的暴君。這三個羿跨越的年代較長，他們的特點都是善射，
我們也可以看作是神話發展演變的產物。[17]

陳氏說這三個羿是：「神話發展演變的產物」，筆者卻有些不同的
看法。筆者認為前面兩個羿是神話人物，最後的有窮后羿，是歷
史人物，真有其人。歷史上的有窮后羿，因為善射，崇拜天神羿，
取名為羿，和神話中射日的天神羿同名。《山海經·海內經》：「羿
是始去恤下地之百艱。」句，郭璞注：「言射殺鑿齒、封豕之屬也。
有窮后羿慕羿射，故號此名也。」[18]可見天神羿和有窮后羿，是
完全不同的。

　　《楚辭·天問》：「羿焉彃日」[19]，《淮南子·本經訓》：「堯乃
使羿……上射十日」[20]、〈氾論訓〉：「羿除天下之害，而死為宗布」
[21]，都只是說「羿」，並沒說「后羿」。而且，神話中的天神羿，
除了射日除害外，只有上崑崙山，求不死藥，和洛水女神相戀，
並沒有篡位，沒有擔任國君，這和有窮后羿「因夏民以代夏政」[22]
完全不同。我們再詳細研究，有窮后羿的史料。《左傳·襄公四年》，

---

17 陳天水，《中國古代神話》（臺北：國文天地雜誌社，1990 年），頁 68。
18 袁珂，《山海經校注》（臺北：里仁書局，1982 年），頁 467。袁珂案語，亦
　　以此羿與有窮后羿，確是兩人。
19 同註 4，頁 96。
20 漢·劉安撰、高誘注，《淮南鴻烈解》卷 8，《影印文淵閣四庫全書》（臺北：
　　臺灣商務印書館，1986 年），848 冊，頁 588。
21 高誘注特別說明：「此堯時羿，非有窮后羿。」漢·高誘注釋，《淮南子注
　　釋》（臺北：華聯出版社，1973 年），頁 233。《淮南鴻烈解》卷 13，沒有這
　　9 字。同註 20，卷 13，頁 663。
22 周·左丘明傳、晉·杜預注、唐·孔穎達疏、陸德明音義，《春秋左傳注疏》
　　卷 29，《影印文淵閣四庫全書》（臺北：臺灣商務印書館，1986 年），144 冊，
　　頁 17。

魏絳說：

> 昔有夏方衰也。后羿自鉏遷于窮石，因夏民以代夏政。恃
> 其射也，不修民事，而淫於原獸，棄武羅、伯因、熊髡、
> 尨圉，而用寒浞。寒浞，伯明氏之讒子弟也。伯明后寒棄
> 之，夷羿收之，信而使之，以為己相……將歸自田，家眾
> 殺而烹之，以食其子。[23]

魏氏提到有窮后羿代夏政後，用寒浞為相，頗無知人之明。而且
寒浞殺有窮后羿後，「浞因羿室」，娶了有窮后羿妻子，還生了兩
個孩子。這和離騷說的：

> 羿淫遊以佚田畋兮，又好射夫封狐；固亂流其鮮終兮，浞
> 又貪夫厥家。[24]

正好相同。「貪夫厥家」，王逸註：「婦謂之家。……貪取其家，以
為己妻。」[25]。由此看來，浞因羿室、貪夫厥家，都是指寒浞娶
了有窮后羿的妻子，這和嫦娥的神話，有很大的不同。另外，嫦
娥奔月時，天神羿還活著，並未死亡。由這些不同，顯然可見，
天神羿和有窮后羿，並非同一人。

　　還有天神羿和有窮后羿的時代，也差距很大。神話中，天神
羿是在堯的時候，派到人間，射日除害的，也有人認為羿是堯的
諸侯[26]。而有窮后羿，根據《左傳》等書記載，是夏代諸侯，兩
人是不同時代的人。這些都可證明，天神羿和有窮后羿，是完全
不同的兩個人，只不過是同名為羿罷了。

　　另外，鄭慧如認為：「古史傳說的后羿應該只有一人，即有

---

23 同註22。
24 同註4，頁21-22。
25 同註4，頁22。
26 〈氾論訓〉「此鬼神之所以立」句，高誘注：「羿，堯時之諸侯。」同註20，
　　卷13，頁663。

窮部落之君長羿」[27]。但由鄭氏論文後〈附表一〉，可以看出：〈離騷〉、〈天問〉、《左傳・襄公四年》，提到羿時也都提到寒浞；而《莊子・山木》、《韓非子・外儲說》、《淮南子・說林》、《淮南子・原道》、《史記・龜策列傳》，都是羿、逢蒙並舉，這也可證明天神羿和有窮后羿並非同一人。

肆、羿求不死藥

　　關於不死藥部分：什麼是不死藥？不死藥在什麼地方？如何求不死藥？為何只有羿求到不死藥？這些問題，在一些古籍上，可以找到答案。羿求到不死藥之後，才有嫦娥竊藥，奔月神話，所以求不死藥，是嫦娥神話的關鍵。我們先來看看，羿是怎樣的一個人。李豐楙說：

> 帝堯時獲賜神弓的后羿，降臨人間，或說上秉天意，實踐天帝所交付的職責，將為害天下的十個太陽，射下九個。孫作雲說，后羿以東夷強族的身份除去以日為圖騰的九個部族，成為東夷的后長。[28]

除了射日之外，羿還憑著他的神射工夫，除了六種危害人民的怪物，真是個英雄人物。或許九日是孫作雲、李玄伯所講的部落圖騰[29]，或許不是圖騰，但羿的勇氣，是不容否認的。只有這種英雄人物，才能求到不死藥。

27　鄭慧如，〈奔月神話考〉，《逢甲中文學報》第 4 期（1996 年 9 月），頁 18。
28　李豐楙，《山海經：神話的故鄉》（臺北：時報文化出版企業有限公司，1987 年），頁 302。
29　高福進，《太陽崇拜與太陽神話》（上海：上海人民出版社，2002 年），頁 198-199。家歆案：各民族的圖騰以動物、植物為主，似乎少見以天體為圖騰者。

羿到崑崙山，向西王母求不死藥，是非常艱難的。崑崙山萬物盡有，可是有弱水環繞，外面又有炎火山[30]，想要登崑崙山，並不容易。只有羿能登上崑崙山，求得不死藥。李豐楙又說：

> 既然昆崙仙境是這樣的神秘，要通過水火的考驗，才能上去，確實是非常人所能辦得到，大概只有仁者后羿曾通過，向西王母求過不死藥。[31]

崑崙山和不死觀念有關[32]，山上有不死藥。雖然，人人都想長生不死，都想要有不死藥。但是，一般凡夫俗子，沒有能力，突破險阻，登上崑崙山，求到不死藥。只有偉大的英雄人物，有這勇氣，有這本領，歷經艱險，登上崑崙，見到西王母，求到了不死藥。本來，羿有了不死藥，羿就可以不死，誰又知道，求到不死藥的欣喜，很快就要落空了。嫦娥，羿的太太，羿最心愛的女人，背叛了他，偷了不死藥。也許不死藥，只有這一份，或許羿無法再登上崑崙山。總之，嫦娥奔月後，羿的命運已經註定，羿將停留在人間，羿會死。

什麼是不死藥？不死藥有何功效？從常理來推論，從古自今，世上沒有不死的人，當然也就沒有不死藥了。也就是說，不死藥只存在神話中，現實世界根本沒有不死藥。蕭兵則另做解釋，蕭氏說：

> 嫦娥由后羿那裡盜得「靈藥」，這是從西王母那裡取得的「不死藥」（可能是「靈芝」之類能夠起死回生或長生不老的「萆」類植物，白蛇為救許仙所盜仙草也是靈芝）。它是

---

30 同註 18，頁 407。
31 同註 28，頁 254。
32 王孝廉，《中國的神話與傳說》（臺北：聯經出版事業公司，1983 年），頁 313。

致幻性的。嫦娥服食以後發生飛行幻覺。[33]

蕭氏說法，主要重點在於，嫦娥奔月是因服食靈芝、麻黃之類植物，所製成的迷幻劑，產生飛行幻覺。這似乎試圖從科學、醫藥的角度來解釋神話，但所謂神話往往只是想像虛構的，未必能用科學、醫藥來解釋。

至於不死藥的功效，非常神奇。吃了不死藥，除了可以長生不死，竟然還可以起死回生，何新認為：「所謂不死藥，即死而復蘇之藥。」[34]這種說法，見《山海經・海內西經》[35]。經云：

> 開明東有巫彭、巫抵、巫陽、巫履、巫凡、巫相，夾窫窳
> 之尸，皆操不死之藥以距之。窫窳者，蛇身人面，貳負臣
> 所殺也。[36]

郭璞認為「不死之藥」，能「為距卻死氣，求更生」[37]。求更生，即死而復生。不死藥，有如此奇異功效，難怪人人都想得到不死藥。

伍、羿與嫦娥 ── 射日與奔月

一般人認為羿是嫦娥的丈夫，羿射日和嫦娥奔月是同一個神話，很少人去分辨其中的差異，甚至神話學者也沒去認真研究羿與嫦娥之間關係。胡萬川〈嫦娥奔月神話新探〉共有九節，前四節都在探討此一問題，認為就神話原貌言，羿和嫦娥並無關係，

---

33 同註 2，頁 81。
34 同註 9，頁 63。
35 袁珂誤以為在〈海內南經〉。同註 7，頁 39。
36 同註 18，頁 301。
37 同註 18，頁 302。何根海〈月亮神話與中秋拜月的原始意涵〉，《歷史月刊》第 140 期（1999 年 9 月），頁 54。

嫦娥奔月神話較爲後起，胡氏說：

> 然而羿和嫦娥的關係只是神話一再衍化的結果，原來的射
> 日神話是個和奔月的嫦娥沒有關係的神話。而嫦娥奔月神
> 話本身也有一個發展的過程。發展到某一個階段，才有了
> 嫦娥和羿的瓜葛。[38]

胡氏並引《歸藏》、《淮南子》注釋，以證明其說。羿是羿，嫦娥
是嫦娥，射日是射日，奔月是奔月。就現存資料看來，這兩個神
話之間本來沒關係，產生關係是比較晚起的事。

先來看看羿射日的問題，最早記載這件事的應該是〈天問〉。
〈天問〉中質疑：「羿焉彃日？烏焉解羽？」[39]，王逸注引《淮南
子》「堯時十日並出」云云，洪興祖補注引《山海經》、《歸藏易》、
《淮南子》、《春秋元命苞》、〈天對〉、《穆天子傳》[40]。今傳《山
海經》並未記載羿射日之事，或原有羿射十日之事，今已逸[41]。
洪氏所引，蓋出自《歸藏・鄭母經》。《春秋元命苞》似爲緯書，
今逸。朱熹《楚辭集注》則認爲：「彃日之說尤怪妄，不足辯。」
[42]朱熹應是站在儒家不語怪力亂神的立場，故有此說。又朱熹《楚
辭辯證》曰：

> 按此十日本是自甲至癸耳，而傳者誤以為十日並出之說。

---

38 胡萬川〈嫦娥奔月神話新探〉，《文學史與文學批評學術研討會論文集》（1996
  年 10 月），頁 88。2002 年秦美珊〈擺盪「日」「月」間～羿與嫦娥原型故
  事與儀式的結構分析〉，參考書目中，無胡氏〈嫦娥奔月神話新探〉，蓋未
  見該篇。2003 年陳昭昭〈嫦娥神話傳說及其相關拜月信仰研究〉參考文獻
  中，亦無胡氏〈嫦娥奔月神話新探〉，蓋亦未見該篇。又：游佩娟〈嫦娥奔
  月神話研究〉，國立中央大學中國文學研究所碩士論文（2001 年），頁 23，
  亦贊同「嫦娥神話是後來才和羿神話融合」。
39 同註 4，頁 96。
40 同註 4，頁 96-97。
41 參考註 13。
42 宋・朱熹，《楚辭集注》卷 3，《影印文淵閣四庫全書》（臺北：臺灣商務印
  書館，1986 年），1062 冊，頁 328。

注者既知其誤，又為此說以彌縫之，而其誕益彰，而世人
猶或信之，亦可怪也。[43]

關於十日並出有多種說法，而朱熹已指出十日是天干誤傳，誤以
曆法之十日為天上之十日。王夫之《楚辭通釋》曰：

相傳十日並出，羿射落其九，當亦寓言。或堯承摯亂，天
下為帝者不一，羿滅其九，莊子謂堯伐叢枝、胥敖是已。[44]

堯攻叢枝、胥敖，見《莊子·人間世》[45]。王氏以為羿射十日，
可能只是寓言。又認為可能只是軍事的征伐。近代學者孫作雲認
為羿射十日，可能是九個以太陽為圖騰民族被滅[46]，或許是受到
王夫之啓發。丁晏《楚辭天問箋》曰：

天地雖有十日，自使以次第迭出運照，而今俱見為天下妖
災。故羿稟堯之命，洞其精誠，仰天控弦，而九日潛退也。
[47]

丁氏以射日為實事，而以為羿仰天控弦，但丁氏亦知弓箭無法射
落太陽，故云：「九日潛退」，不說射落九日。沈祖緜《屈原賦證
辯》曰：

至彈日已屬不經，至云九日，更荒誕絕倫。十日謂日干，
即甲乙丙丁戊己庚辛壬癸十日也。言羿射十日而技成，中
其九日，非也。[48]

沈氏推衍朱熹之說，認為羿為天才神射手，射十日就能技成，並
非射落九日。以上諸家對羿射日有不同解釋，但有一共同點，都

---

43 宋·朱熹，《楚辭辨證》卷下。同註 46，頁 328。
44 清·王夫之，《楚辭通釋》，《清人楚辭注三種》（臺北：長安出版社，1975
　　年），頁 52。
45 同註 14，頁 139。
46 同註 29，頁 198。
47 清·丁晏，《楚辭天問箋》（臺北：廣文書局，1972 年），頁 58-59。
48 沈祖緜，《屈原賦證辯》，《楚辭新義五種》（臺北：鼎文書局，1974 年），頁
　　63。

認爲羿射日神話,是個獨立神話。諸家注解中,完全沒提到嫦娥,更沒提到奔月。而《淮南子》中提到射日時[49],也沒提到嫦娥。也就是說這兩個神話,原先是沒絲毫關係的,後來才因某種原因結合在一起。

再來看看嫦娥奔月神話,這個神話比射日神話複雜。在胡氏論文中,引用兩節《歸藏》文字,是出自《文選》李善注,只記載嫦娥服不死藥奔月,沒提到嫦娥和羿的關係。由李善注中,以「昔」字開頭,即可知此段注文,爲真《歸藏》原文,極爲可信。

在這裡有個問題要先探討,就是《歸藏》一書之真僞。在該篇論文注釋第 8 中,胡氏先引諸家對《歸藏》的考證,然後說:

> 筆者因此對後人所引《歸藏》文字,是否爲先秦時代之作,
> 持保留態度。[50]

《歸藏》一書來歷不明。《漢書·藝文志》載易 13 家,294 篇,未載《歸藏》[51],則該書似應已亡於漢初。《隋書·經籍志》易部載《歸藏》13 卷,下注:「晉太尉參軍薛貞註」[52]。後又曰:

> 《歸藏》,漢初已亡。案晉《中經》有之。唯載卜筮,不似
> 聖人之旨。以本卦尚存,故取貫於《周易》之首,以備殷
> 易之缺。[53]

荀勖有《中經新簿》,今已失傳,未知《中經》中是否真有《歸藏》。而《隋書·經籍志》所載《歸藏》13 卷,學者多以爲僞書。如劉勰曰:「《歸藏》之經大明迂怪,乃稱羿斃十日,嫦娥奔月。」孔

---

49 同註 20。
50 同註 38,注釋 8。
51 漢·班固,《漢書·藝文志》,《漢隋藝文經籍志》(臺北:世界書局,1973年),頁 2-3。
52 唐·長孫無忌等撰,《隋書·經籍志》卷 1,《漢隋藝文經籍志》(臺北:世界書局,1973年),頁 7。
53 同註 52,頁 9。

穎達曰：「《歸藏》僞妄之書，非殷易也。」吳萊曰：「《歸藏》今雜見他書，頗類《易林》，非古易也。」。唯鄭樵信以爲真[54]。其實《歸藏》一書雖非殷易[55]，確爲先秦古籍無疑，且成書當在西周末期到春秋初期[56]，鄭氏之說是也，諸家所疑盡誤。

1993 年 3 月，湖北荆州市郢城鎮郢北村，王家台 15 號秦墓，發現竹簡一批，共計編號 813，即所謂「王家台秦簡」。其中有《歸藏》4000 餘字[57]，已編號者 264 支，未編號者 230 支。分成兩種寬、窄不同竹簡，應是兩種抄本[58]。由此發現，已可證明《歸藏》不是僞書[59]。大陸學者研究出土《歸藏》，已發表多篇論文。也有大陸學者認爲這些竹簡即是《歸藏・鄭母經》[60]。

新出土之秦簡《歸藏》中，記載了羿的事，也記載了嫦娥奔

---

54 以上所引見張心澂，《僞書通考》（臺北：臺灣商務印書館，1970 年），頁 22-23。孔穎達之說出於《左傳・襄公九年》，「遇艮之八」句，疏曰：「世有《歸藏易》者，僞妄之書，非殷易也。」同註 22，卷 30，頁 42。吳萊之說係經義考所引，與吳萊原文稍異。吳萊原文爲：「《歸藏》三卷，晉薛貞注。今或雜見他書，頗類焦贛《易林》，非古易也。」元・吳萊，《淵穎集》卷 7，《影印文淵閣四庫全書》（臺北：臺灣商務印書館，1986 年），1209 冊，頁 119。

55 程二行、彭公樸，〈《歸藏》非殷人之易考〉，武漢大學人文科學學院。該文第二節認爲殷人用龜甲獸骨卜卦，不用筮占，不可能有易筮之書。第四節又引王家台秦簡《歸藏》，考證《歸藏》成書在易傳之後。

56 林忠軍〈王家台秦簡《歸藏》出土的易學價值〉，《周易研究》2 期（2001 年）。第二節中，林氏認爲《歸藏》當在西周末年到春秋初期成書，早於《周易》。家歆案：據林氏考證，則《歸藏》當早於〈天問〉、《山海經》、《淮南子》諸書。

57 此正與桓譚之說合。桓譚《新論》：「《歸藏》四千三百言。」家歆案：《新論》今已佚。「言」即「字」。

58 王明欽〈王家台秦墓竹簡概述〉，《北京大學新出簡帛國際學術研討會論文》（2000 年），第三節。

59 同註 56，第一節：「傳本《歸藏》不是僞書。」引王家台秦簡《歸藏》，證《歸藏》非僞書。

60 王寧〈秦墓易占與《歸藏》之關係〉，引證《歸藏》佚文，論定王家台秦簡易占，即《歸藏》或《歸藏・鄭母經》。見林忠軍〈王家台秦簡《歸藏》出土的易學價值〉第一節引。家歆案：王家台秦簡《歸藏》計 4000 餘字，桓譚謂《歸藏》4300 字，出土之《歸藏》應即是《歸藏》全本。《歸藏》可分爲四：〈本蓍篇〉、〈啓蓍篇〉、〈齊母經〉、〈鄭母經〉。如〈鄭母經〉即有 4000 餘字，全書恐將逾萬字。

月之事。那麼在周末春秋初期，已有嫦娥奔月之說[61]。秦簡《歸藏》當中有些文字，已經漫漶不清，但從可辨識之字，可看出確實和羿、嫦娥有關。和羿有關的是：

> 履曰昔者羿射。比庄石上羿果射之履曰□。（461）[62]

這段文字，只提到「羿射」，沒提到羿射日。嫦娥奔月那段文字更重要了，原文是：

> 歸妹曰：昔者恒我竊毋死之□□，□□□奔月而攴占□□
> □□。[63]

《歸藏》卦辭都是以「昔」字或「昔者」開頭。過去學者看到李善注所引兩段《歸藏》文字，都是以「昔」字開頭，卻不知此為《歸藏》卦辭體例[64]。「攴」字即「攵」字，與「枚」通[65]，其他卦中，亦屢見「而攴占」。以下先將李善注所引兩段文字列出，再和秦簡《歸藏》相比。謝希逸〈月賦〉，「集素娥於后庭」句，李善注引《歸藏》：

> 《歸藏》曰：「昔常娥以不死之藥犇月。」[66]

王僧達〈祭顏光錄文〉，「娥月寢耀」句，李善注引《歸藏》：

> 周易《歸藏》曰：「昔常娥以西王母不死之藥服之，遂奔月
> 為月精。」[67]

李善注引《歸藏》和秦簡《歸藏》相比，秦簡《歸藏》做「昔者」，李善注引《歸藏》做「昔」，前面已提到《歸藏》卦辭都是以「昔」

---

61 參看註 56。
62 梁韋弦〈王家台秦簡“易占”與殷易《歸藏》〉，吉林師範大學中國思想文化研究所（1999 年）引。
63 同註 56，第一節引。今傳《周易》歸妹卦，未見此段文字。
64 同註 55，第四節。
65 同註 56，第一節。
66 梁・昭明太子撰、唐李善注《文選》卷 13，《影印文淵閣四庫全書》（臺北：臺灣商務印書館，1986 年），1329 冊，頁 229。
67 同註 66，卷 60，頁 1043。

字或「昔者」開頭。另外還有幾點不同：

1、秦簡《歸藏》做「恒我」，李善注引《歸藏》做「常娥」。這只是避漢文帝諱和「女」字偏旁之有無。

2、秦簡《歸藏》應該是做「毋死之藥」，「藥」字已不清。「毋」，通「無」。「毋死之藥」即「無死之藥」。李善注引《歸藏》皆做「不死之藥」。《淮南子・覽冥訓》亦做「不死之藥」。只有張衡《靈憲》做「羿請無死之藥於西王母」[68]。據秦簡《歸藏》，可能原來做「毋死之藥」或「無死之藥」，後來才改爲「不死之藥」。如依此推論，則張衡《靈憲》做「無死之藥」，當有所本，非憑空捏造。然則，「枚筮之於有黃」云云，應可信。

3、秦簡《歸藏》多了一個「竊」字。

就這三點來講，第 1、第 2 都無關緊要，最重要的是第 3 點。「竊」，向誰竊，不可能向西王母竊吧！當然是向羿竊藥。秦簡《歸藏》這段文字，雖然沒提到「羿」字，但嫦娥除了向羿竊藥外，還能向誰竊不死藥。現存資料上，都沒嫦娥向西王母竊不死藥的神話。秦簡《歸藏》是卜卦，文字簡略，但由一「竊」字，可知當時羿和嫦娥神話，可能已經連在一起。當然也可能是，因爲「竊藥」，才使得羿和嫦娥到後來有了關聯。

　　如果沒有羿求不死藥，就沒有竊藥、奔月。如果把羿拿掉，整個奔月神話就不能成立，這和射日神話不同。我們還要注意到，記載中沒有提到嫦娥的性別，也沒提到羿和嫦娥關係。胡氏引《淮南子》高誘注、許慎注，認爲在東漢時，學者已指出嫦娥是羿的妻子[69]。

---

68 明・張溥《漢魏六朝百三家集》卷 14，《影印文淵閣四庫全書》（臺北：臺灣商務印書館，1986 年），1412 冊，頁 346。
69 同註 38，第三節。

　　上文已分別探討了射日和奔月神話，射日神話確實是個獨立的神話，和嫦娥、和奔月無關。而奔月神話和羿有極密切關係，沒有羿就沒有羿求不死藥，就沒有嫦娥竊藥，也不會有嫦娥奔月，這和射日神話大不相同。說得再清楚一點，沒有了羿，整個奔月神話就要瓦解，羿和奔月神話是無法分開的。我們也就可以知道，為何射日神話會和奔月神話連在一起？因為當中有個共同人物「羿」。射日神話有羿，奔月神話也有羿，自然而然兩個神話會連在一起。寫成公式就是：射日神話+羿+羿+奔月神話。

　　本論文主要在研究羿與嫦娥。本節之前，有三部分羿的考證：天神羿為日神、天神羿非有窮后羿、羿求不死藥；本節之後，有三部分嫦娥的考證：嫦娥非常儀、嫦娥竊藥、嫦娥奔月。本節放在這裡，正好承先起後，將前三節和後三節連在一起，整篇論文連為一體。

陸、嫦娥非常儀

　　嫦娥奔月，和月亮有了關係，甚至成了月神，還成了太陰娘娘。《山海經》中，也有個女子常儀，和月亮有關，相傳常儀生了十二個月亮，是月亮的母親[70]。古代有十日並出神話，卻沒有十二月並出神話，也就無法證明是否曾有十二個月亮。所以，學者一般認為十二月和曆法有關，指的是一年有十二月。常儀既然生了十二個月亮，被認為是月亮母親，那常儀也就是月神了。嫦娥是月神，常儀也是月神，那嫦娥是否就是常儀？這問題要詳細探

---

70 同註 36，頁 404。

討，分清楚嫦娥和常儀的關係。如果嫦娥就是常儀，那整個月亮神話，會造成混亂，變成無法解釋，竊藥、奔月也都失去意義。

從宋朝開始，就有嫦娥是常儀的說法。到了明代的楊慎，在他的幾本書中，都有嫦娥即常儀之說。楊氏的主要證據，是從古音的相同，證明嫦娥即常儀。楊氏說：

> 月中嫦娥，其說始於《淮南》及張衡《靈憲》，其實因常儀占月而誤也。古者羲和占日，常儀占月，皆官名也，見於《呂氏春秋》。《春秋左傳》有常儀靡，即常儀氏之後也。後訛為常娥，以儀、娥音同耳。《周禮》注：「儀、義二字，古皆音娥。」《詩》以「樂且有儀」，叶「在彼中阿」。《太玄》以「各遵其儀」叶「不偏不頗」。《史記》徐廣注音：「橫船作俄。」漢碑凡「蓼莪」，皆作「蓼儀」。則嫦娥為常儀之誤，無疑矣。每以語人，或猶未信。予曰：「小說載杭州有杜拾遺廟，有村學究題為杜十姨，遂作女像，以配劉伶。人皆知笑之。不知常儀之為常娥，即拾遺之為十姨也。」[71]

楊氏的說法，似乎很合理，而且舉出不少證據，證明古音「儀」讀「娥」，「儀」、「娥」音同。這種說法，後來普遍被研究嫦娥神話的學者接受，認為從聲音上，可證明嫦娥即常儀。但是，筆者對這種說法，卻有點懷疑。嫦娥和常儀，確實有些共同點，但只憑這些共同點，就能證明嫦娥是常儀嗎？這兩位神話中的女子，除了共同點外，還有不少相異之處。以下就舉出四點相異之處：

1、和月亮關係不同。前面已提到，常儀生十二個月亮，是月亮母

71　明·楊慎，《升庵集》卷74，《影印文淵閣四庫全書》（臺北：臺灣商務印書館，1986年），1270冊，頁733。亦見明·楊慎，《丹鉛總錄》卷13，《影印文淵閣四庫全書》（臺北：臺灣商務印書館，1986年），855冊，頁481；《丹鉛摘錄》卷2，《影印文淵閣四庫全書》（臺北：臺灣商務印書館，1986年），855冊，頁239。《丹鉛總錄》在「古皆音俄」下，多「易小象，以『失其義』『信如何』也」，12字。《丹鉛摘錄》亦多此12字。

親。可是神話中,只說嫦娥奔月,並沒說嫦娥生十二個月亮。生月和奔月,是完全不同的。至於說,常儀是月神,嫦娥也是月神,前節已經討論過,月神不只一位。何根海就從典籍中,找出女媧、常羲、尚儀、女和、女娥、常儀、姮娥、嫦娥、西王母,九位月神[72]。筆者認為這些月神,和日神狀況一樣,很可能是不同民族的月神,混合在一起。這些月神彼此之間,不一定有關係。如果硬要說,這九位月神,是同一個月神,似乎有點牽強。

2、兩人身分不同。《山海經》中,說常儀是帝俊妻子。《淮南子》中說,嫦娥是天神羿的妻子。兩人丈夫不同。除非天神羿就是帝俊,否則,常儀就不可能是嫦娥。神話中,天神羿和帝俊,是不同的神,帝俊地位比天神羿高,所以帝俊才能派天神羿去以扶下國[73]。嫦娥是天神羿的子妻子,就不可能又是常儀,是帝俊的妻子。如果說嫦娥即常儀,會搞亂神話中人物倫理。

3、變形問題。嫦娥奔月之後,有些書上,提到嫦娥變形為蟾蜍,也有書提到嫦娥變形為玉兔、為老虎。姑且不論嫦娥變形原因,顯然是有嫦娥變形的神話,而常儀並沒有變形的神話。就這點來看,嫦娥和常儀,應該是不同的神話人物。

4、文字問題。嫦娥最早的稱呼是「恒我」[74],一些古籍作「恒娥」。如果說,「恒」字是為了避漢文帝諱,才改為「常」,後又加「女」旁;「娥」字和「儀」字,古音相同。兩字都非原來的

---

72 何根海〈月亮神話與中秋拜月的原始意涵〉,《歷史月刊》第 140 期(1999年 9 月),頁 54。

73 《山海經·海內經》:「帝俊賜羿彤弓素矰,以扶下國。」同註 18,頁 466。家歆案:帝俊不見中原古籍。或謂帝俊即少昊,或謂即帝嚳,或謂即舜,諸家說解不一。

74 王家台秦簡《歸藏》作「恒我」。見註 62。

字。那何不直接稱爲「常儀」？直接說「常儀竊藥」、「常儀

　　奔月」，不是更清楚嗎？所以，從音同、文字通用等角度，去

　　解釋神話，要很小心、謹愼，不可任意比附。

就以上四點來看，嫦娥和常儀的共同點很少，大概只有語音上的

關連。而兩者的差異點卻較多，還是分成兩個神話人物，應該比

較妥當。再說，如果說嫦娥來歷不明，那就算嫦娥真的是常儀，

常儀也同樣來歷不明，也只是神話人物。只不過把嫦娥這神話人

物，推到另一個神話人物，也未見高明。還是謹愼一點，讓嫦娥、

常儀並存。

柒、嫦娥竊藥

　　嫦娥奔月神話，是由三部份組成：求藥、偷藥、奔月。因爲

羿是天神，才能求到不死藥。求到不死藥後，才發生嫦娥竊藥之

事。

　　嫦娥爲何要偷竊不死藥呢？一般有四種說法：1、嫦娥不想

死。2、嫦娥報復。3、逢蒙想偷藥。4、解民倒懸。第一種說法，

認爲嫦娥很自私，爲了長生不死，偷竊不死藥。第二種說法，羿

移情別戀，和洛水女神相戀。嫦娥嫉妒之下，要報復丈夫，偷了

不死藥。第三種說法，羿的學生逢蒙想偷不死藥，嫦娥爲了阻止

逢蒙偷藥，只好先把雙份不死藥吃掉。四、羿是暴君，嫦娥爲了

百姓，才偷竊不死藥。否則，羿吃了不死藥，永遠不死，百姓就

要永久在水深火熱中。

　　第一種、第二種說法，有點醜化嫦娥。第三、四種種說法，

則是歌頌嫦娥。就第一種說法而言，羿求到的不死藥，應該是雙

分,準備讓夫妻同時服用,嫦娥不需要偷不死藥。第二種說法,比較特殊,見胡萬川的文章〈嫦娥奔月神話源流〉。胡氏認為,嫦娥為了報復羿和洛神的婚外情,才偷不死藥。胡氏說:

> 這時候,失落的英雄羿,不知怎麼地和河伯的妻子洛神有了瓜葛,這當然更傷了妻子嫦娥的心。幾番爭吵之後,羿自覺理虧,於是想法上昆崙山,向西王母請得不死藥。因為聽說只要吃了不死藥,他們就可以再回到天上。仍然心懷氣憤的嫦娥,趁羿不在的時候,拿了不死藥,一口氣全部吞下肚去。[75]

有些女子心胸較為狹隘,為了報復,可能偷不死藥。第三種說法,也言之成理。羿後來被弟子逢蒙用桃木杖打死,這種弒師的惡徒,當然可能偷不死藥。第四種說法,說羿是暴君,這是將天神羿、有窮后羿搞混了,不可信。這四種說法,各有各的理由。而筆者認為竊藥真相是:日神是會死的,月神是不死的。

這種說法,稍微解釋一下,就很容易瞭解。前面已經舉出四個證據,證明天神羿是日神。天神羿既然是日神,那就是有生命周期,是會死的。先民看到月亮由圓而缺,由缺復圓,以為月亮是不死的,當然月神也是不死的。和月亮相對的太陽,則是會死的,當然日神也是會死的。所以說,日神會死,月神不死。

再進一步探討,既然天神羿是日神,他就不能吃不死藥,因為日神是會死的。嫦娥是月神,她就必須吃不死藥,因為月神是不死的。在這種狀況下,要如何解決羿不能吃不死藥,嫦娥要吃不死藥呢?最好的解決方法,就是嫦娥竊不死藥。所以說,在日神死、月神不死的背景下,竊藥只是解決問題的方法。

---

75 胡萬川,〈嫦娥奔月神話源流〉,《歷史月刊》第 140 期(1999 年 9 月),頁 50。

　　換個角度看，我們也可以說，這是命運的悲劇。天神羿是日神，是會死的，他的命運就是求不死藥，卻不能吃不死藥。嫦娥是月神，是不死的，她的命運就是要吃不死藥，竊藥只是她獲得不死藥的方法。總之，嫦娥是一定要吃不死藥的。竊藥，不需要理由，嫦娥就是一定要竊藥。吃了不死藥之後，嫦娥奔月，不過是月神回到她的居所而已。

捌、嫦娥奔月

　　秦簡《歸藏》、《文選‧李善注》引《歸藏》，提到嫦娥奔月的事，文字都很簡短。比較詳細的記載，則是在《淮南子》的〈覽冥訓〉。這段記載在〈覽冥訓〉的最後面，其文曰：

> 譬若羿請不死之藥於西王母，姮娥竊以奔月，悵然有喪，無以續之。何則？不知不死之藥所由生也。是故乞火不若取燧，寄汲不若鑿井。[76]

從語意上來看，這段文字的主要重點，似乎在於「不知不死之藥所由生也」，所以下面才舉出火、水例子。

　　不知道不死之藥的配方，藥被竊之後，才會「悵然有喪，無以續之」。如果知道配方，就可自行配製。這段文字的開頭還有「譬若」兩字，也就是舉出嫦娥竊藥奔月的例子，是用來說明要能知其根本，以今天的流行語來說，就是要知道 know how。

　　《淮南子》這段話，是不是嫦娥奔月的最早記載呢？再往前追溯，〈天問〉中有段話，很可能也是記載嫦娥竊藥奔月。這段記

---

76 同註 20，卷 6，頁 573-574。

載是：

> 白蜺嬰茀，胡為此堂？安得夫良藥，不能固臧。[77]

王逸章句，認為這是崔文子向王子喬學仙之事。洪興祖補注：「崔文子事見《列仙傳》。」[78]朱熹以為：「事極鄙妄，不足復論。」[79]蔣驥註「安得夫良藥，不能固臧」句，謂「月神也」。下引《淮南子》、《靈憲》，蓋以此為嫦娥竊藥奔月事[80]。陳本禮以王逸注為妄，以此四句和嫦娥竊藥奔月有關，並引《後漢書·天文志》姮娥竊藥奔月、枚策有黃之事[81]。丁晏則曰：

> 白蜺茀嬰，此盛言嫦娥之裝飾也。蜺與霓同，猶月中霓裳羽衣。……嬰茀，婦女首飾。……胡為者，訝之之辭；言此豔裝濃飾，胡為而畫於此祠堂也。……言何從得此良藥，致奔入月中，不能自固以善其身也。[82]

下又引《淮南子·覽冥訓》、張衡《靈憲》、《文選·李善注》。丁氏以白蜺為嫦娥之衣，嬰茀為嫦娥所載首飾，嫦娥著豔裝、載濃飾，似乎是貴婦。固臧，則依王逸之注，釋「臧」為「善」。臺靜農曰：「按此四句言姮娥與羿事，王注誤。」下又節引丁晏箋。臺氏又曰：

> 按丁箋解「白蜺嬰茀」甚精審，惟解「胡為此堂」則不妥，前兩句謂為祠堂之所見，與下兩句謂羿藥之被竊，文意不接，丁氏蓋拘於王逸天問敘，以是篇為屈子呵壁問天之辭故耳。按本文當為姮娥何以美服盛飾歌舞於堂，而羿又何

---

77 同註 4，頁 101。
78 同註 78。
79 同註 42，頁 329。
80 清·蔣驥，《山帶閣註楚辭》，《清人楚辭注三種》（臺北：長安出版社，1975年），頁 88。
81 清·陳本禮，《屈辭精義》卷 2，（臺北：廣文書局，1971 年），頁 17。
82 同註 47，頁 77-79。

以不固藏其良藥，竟為嫦娥竊之以去？「臧」與「藏」字假借，王逸以「臧」為「善」，「言得藥不善」，牽強難通。[83]

如依臺氏所釋，則嫦娥不當美服盛飾歌舞於堂，而竟歌舞於堂，故有此問；羿當固藏其良藥，不應被嫦娥竊去，故有此疑。第二問易於理解。第一問則頗費解。為何嫦娥不當美服盛飾歌舞於堂？有三個可能。一是嫦娥身分尊貴，不同於一般女子，故不應當歌舞。二是嫦娥歌舞的地方不對，不應歌舞在此堂。三是或許此四句，並非嫦娥竊藥奔月之事，真如王逸所注，為崔文子、王子喬之事。但自蔣驥以下，除劉永濟贊成王逸注反對丁晏外[84]，其他楚辭學者多以此四句確為嫦娥之事，上引陳本禮、丁晏、臺靜農之外，如沈祖緜[85]、姜亮夫[86]、傅錫任[87]、陳乃螢[88]諸家，都反對王逸注，而以嫦娥奔月解釋此四句。今考此四句在「鯀疾脩盈」後，疑有錯簡，如此為嫦娥事，應在羿之後。又：如果此四句，真是指嫦娥竊藥奔月，那嫦娥奔月神話一出現，應該就和羿有關，並非後來才產生關係。

或許有人會問，嫦娥為何奔月，而不奔日？嫦娥奔月，就是月神回到她的居所，所以只能奔月，不能奔日。不死藥，顧名思義，吃了應該不死，為何會奔月呢？是否因嫦娥吃了雙份不死藥呢？這我們不知道。但我們知道，後代文人，對嫦娥在月亮上的處境，往往有許多想像。有人設想嫦娥奔月後，形單影隻，有無

---

83 臺靜農，《楚辭天問新箋》（臺北：藝文印書館，1972 年），頁 14。
84 劉永濟，《屈賦通箋》，《楚辭新義五種》（臺北：鼎文書局，1974 年），頁 127-128。
85 同註 48，頁 72。
86 姜亮夫，《屈原賦校注》（臺北：正大印書館，1974 年），頁 319-320。
87 傅錫任，《新譯楚辭讀本》（臺北：三民書局，1976 年），頁 83。
88 陳乃螢，《楚辭天問淺釋》（臺中：臺中師範專科學校，1972 年），頁 56-57。

窮無邊的孤寂。也有人設想嫦娥奔月之後，內心懊悔，夜夜是嚐不盡的孤寂，讓人同情。這些設想，都是負面的，都是悲哀、憂愁的。

　　另外，我們詳細解讀嫦娥奔月神話，也可以在這神話中，發現有種種對立、矛盾、衝突。因為對立，而產生矛盾，因矛盾，而產生衝突。這些對立，約可分為下面三種：

1、死、不死的對立[89]。此為嫦娥奔月神話底蘊的第一義。人總難逃一死，這是人的宿命，也是人最大的恐懼。死亡，一切化為烏有，精神離開，身體腐朽。只有嫦娥吃了不死藥，飛奔月亮，在月亮中，長生不死，掙脫了人的宿命，成為第一位不死的人。

2、背叛、忠誠的對立。此為嫦娥奔月神話底蘊的衍生義。嫦娥不管為了什麼原因，偷了丈夫羿的不死藥，在一般人看來，都是背叛了丈夫。在神話中，羿本是嫦娥丈夫，夫妻之間，應該要互相忠誠，互相信任，而嫦娥卻背叛了丈夫，羿的失望、痛苦可想而知。

3、後悔、不悔的對立。此亦為嫦娥奔月神話底蘊的衍生義。嫦娥曾經擁有丈夫的愛，過幸福的日子，奔月之後，捨棄了丈夫，失去了愛，失去了幸福。月中的歲月，是永恒的孤單、寂寞。嫦娥後悔偷靈藥呢？還是不後悔她的決定？偷與不偷，只在一念之間，後果卻完全不同。

　　最後，我們還要探討一個問題。嫦娥奔月之後，已經沒有不死藥的后羿，結局是如何呢？可想而知，結局一定是死。根據《孟

89　秦美珊，〈擺盪「日」「月」之間——羿與嫦娥原型故事與儀式的結構分析〉，《文學前瞻：南華大學文學所研究生學刊》第 3 期（2002 年 6 月），頁 13。

子‧離婁》[90]的記載，羿是被他的弟子逢蒙所殺[91]，不得善終。《淮南子‧詮言訓》則記載：「羿死於桃棓。」[92]注：「棓，大杖，以桃木為之，以擊殺羿。由是以來，鬼畏桃也。」[93]綜合這些記載，可以知道羿最後是被學生逢蒙[94]，用桃木大杖活活打死，死的非常悲慘，結束了他傳奇的一生。羿死了後，成為宗布[95]，是鬼的首領，統轄萬鬼[96]，應該就是鬼王。不過這鬼王不是害人的厲鬼，而是保佑人民的善鬼。那麼，羿雖由天神降而為鬼王，還是在保佑天下萬民，繼續他「以扶下國」的使命。

玖、結　論

天上最明顯可見的天體，白天是太陽，晚上是月亮。除了月亮神話外，當然也有太陽神話。但月亮神話和太陽神話，大不相同。月亮有個非常特殊的性質，就是有圓、缺的變化，所謂「月有陰晴圓缺」。今天我們知道，這和太陽照射有關，古人天文知識有限，並不知道圓、缺的真正原因。古人觀察到月亮的變化，從這種變化中，產生了兩種獨特的想法：

（一）月亮的圓、缺是不斷重複的。圓了又缺，缺了又圓。從這

90　王孝廉誤以為在《孟子‧盡心》。同註 10，頁 79。
91　《孟子‧離婁》：「逢蒙學射於羿，盡羿之道；思天下惟羿為愈己，於是殺羿。」宋‧朱熹，《四書章句集注》中《孟子集注》卷 4，《影印文淵閣四庫全書》（臺北：臺灣商務印書館，1986 年），197 冊，頁 149。朱注誤以此為有窮后羿事，以逢蒙為有窮后羿家眾。
92　同註 20，卷 14，頁 666。
93　同註 91。
94　丁山認為「逢蒙即寒浞別名」，那是誤把天神羿和有窮后羿，混在一起。丁山，《古代民族與神話》（北京：商務印書館，2005 年），頁 332。
95　同註 21。
96　同註 7，頁 457。

種特性中，有了復生、輪迴觀念。後來輪迴觀念和宗教結合，產生了各種學說。

（二）不死的觀念。月亮缺了又圓，在古人看來，就如同永遠不死。人對死亡充滿恐懼，長生不死，是人永恆的企盼。月亮的不死，帶來了希望，認爲人也可以永遠不死。也因此有了不死藥的傳說。甚至認爲人到了月亮，或住在月亮上，就可以不死。

由這兩種想法，產生了許多的月亮神話，形成了「月亮神話傳說群」包括了嫦娥奔月、桂樹、吳剛、蟾蜍、玉兔、天狗食月、月宮，也牽涉到嫦娥丈夫羿、不死藥、竊藥等相關神話。本文主要是在解釋羿與嫦娥神話，根據現存古代文獻，並參考海峽兩岸學者研究，做出合理推論。每一推論都舉出數點證據，證明推論之真實。至於其他的「月亮神話傳說群」，如嫦娥奔月後化爲蟾蜍之類神話，將另外撰文探討。

解釋神話，本來就很困難。一方面是因神話的時代太遙遠了，還有就是儒家不語怪力亂神的傳統，使許多神話失去原來面貌，更增加解釋的難度。幸好過去有不少學者，從事羿與嫦娥神話研究，花了很多時間、精力，提出許多精闢看法，解決了一些問題。本文就是在前賢研究的基礎上，進一步深入研究，就算稍能有點創獲，也該歸功前輩學者的努力。當然未來還是會有學者繼續研究此一神話，希望他們能有更豐碩的成果，正所謂「前修未密，後出轉精」。

另外，研究神話和一般學術研究，有個很大的不同點。一般學術研究，資料搜集齊全後，是根據一般的邏輯，來解釋資料。可是神話除了資料的缺乏、散亂之外，還無法用一般的邏輯去解釋，神話自有神話的邏輯，神話可以用神話邏輯來解釋的，但這

也增添了研究神話的困難。比如在第二節後面，解釋「沃焦」時，提到天上九日被射下後，形成「沃焦」巨石。就有人質疑，爲何不是九塊，而是一大塊巨石？只能說依神話之邏輯，這是可能發生的。如果依照一般邏輯，天上那有十日，就算有十日，弓箭怎麼可能射下九日，簡直就是不合邏輯，胡言亂語。本文在研究神話時，特別注意神話邏輯，希望能從神話邏輯來解釋羿和嫦娥神話。

關於月亮神話，還有一點要特別說明的。在西方神話研究上，有個太陰學派，認爲所有神話都是月亮神話，這當然不太可能，偏偏就有人信以爲真。杜而未寫了不少神話書，用月亮神話去解釋一切神話，很難獲得學術界的認同。大陸也出現位何新，認爲所有神話都是太陽神話，學術界也難認同。想要用某一個神話，去解釋所有神話，是很困難的。

王國維曾提倡「二重證據法」，書面資料要和出土物相互印證。「王家台秦簡」中，秦簡《歸藏》的出土，非常重要，竟然有4000多字，除了證明《歸藏》爲真書外，也可知道嫦娥奔月已見於先秦典籍。將來如能有更多文物出土，發現更多失傳古籍，或許能真正解開羿和嫦娥神話之謎，這是研究神話學者共同的盼望。

參考文獻

一、專　書

清・丁晏，《楚辭天問箋》（臺北：廣文書局，1972年）。

丁山，《古代民族與神話》（北京：商務印書館，2005年）。

清・王夫之，《楚辭通釋》，《清人楚辭注三種》（臺北：長安出版

社，1975 年）。

王孝廉，《中國的神話與傳說》（臺北：聯經出版事業公司，1983
　　年）。

王孝廉，《神話與小說》（臺北：時報文化出版企業有限公司，1986
　　年）。

王孝廉，《水與水神》（臺北：三民書局，1992 年）。

周・左丘明傳、晉・杜預注、唐・孔穎達疏、陸德明音義，《春秋
　　左傳注疏》，《影印文淵閣四庫全書》（臺北：臺灣商務印書
　　館，1986 年），144 冊。

古添洪、陳慧樺編著，《從比較文學看神話》（臺北：東大圖書有
　　限公司，1983 年）。

宋・朱熹，《四書章句集注》中《孟子集注》，《影印文淵閣四庫全
　　書》（臺北：臺灣商務印書館，1986 年），197 冊。

宋・朱熹，《楚辭集注》，《影印文淵閣四庫全書》（臺北：臺灣商
　　務印書館，1986 年），1062 冊。

朱天順，《中國古代宗教初探》（臺北：谷風出版社，1986 年）。

宋耀良，《中國岩畫考察》（臺北：聯經出版事業公司，1998 年）。

何新，《諸神的起源》（臺北：木鐸出版社，1987 年）。

沈祖緜，《屈原賦證辯》，《楚辭新義五種》（臺北：鼎文書局，1974
　　年）。

李豐楙，《山海經：神話的故鄉》（臺北：時報文化出版企業有限
　　公司，1987 年）。

唐・長孫無忌等撰，《隋書・經籍志》，《漢隋藝文經籍志》（臺北：
　　世界書局，1973 年）。

林錦花，《中國神話研究》（臺灣：信利印製有限公司，1985 年）。

明・張溥《漢魏六朝百三家集》，《影印文淵閣四庫全書》（臺北：

臺灣商務印書館，1986 年），1412 冊。

張心澂，《偽書通考》（臺北：臺灣商務印書館，1970 年）。

梁・昭明太子撰、唐・李善注《文選》，《影印文淵閣四庫全書》
　　（臺北：臺灣商務印書館，1986 年），1329 冊。

宋・洪興祖，《楚辭補注》（北京：中華書局，2002 年）。

茅盾，《中國神話研究初探》（上海：上海古籍出版社，2005 年）。

姜亮夫，《屈原賦校注》（臺北：正大印書館股份有限公司，1974
　　年）。

漢・班固，《漢書・藝文志》，《漢隋藝文經籍志》（臺北：世界書
　　局，1973 年）。

袁珂，《山海經校注》（臺北：里仁書局，1982 年）。

袁珂，《中國神話傳說》（臺北：里仁書局，2000 年）。

高福進，《太陽崇拜與太陽神話》（上海：上海人民出版社，2002
　　年）。

清・陳本禮，《屈辭精義》卷 2（臺北：廣文書局，1971 年）。

陳乃螢，《楚辭天問淺釋》（臺中：臺中師範專科學校，1972 年）。

陳天水，《中國古代神話》（臺北：國文天地雜誌社，1990 年）。

森安太郎著、王孝廉譯，《黃帝的傳說-中國古代神話研究》（臺北：
　　時報文化出版企業有限公司，1988 年）。

清・郭慶藩，《莊子集釋》（臺北：河洛圖書出版社，1974 年）。

傅錫任，《新譯楚辭讀本》（臺北：三民書局，1976 年）。

明・楊慎，《丹鉛總錄》、《丹鉛摘錄》，《影印文淵閣四庫全書》（臺
　　北：臺灣商務印書館，1986 年），855 冊。

明・楊慎，《升庵集》，《影印文淵閣四庫全書》（臺北：臺灣商務
　　印書館，1986 年），1270 冊。

臺靜農，《楚辭天問新箋》（臺北：藝文印書館，1972 年）。

漢・劉安撰、高誘注，《淮南鴻烈解》，《影印文淵閣四庫全書》（臺北：臺灣商務印書館，1986 年），848 冊。

劉永濟，《屈賦通箋》，《楚辭新義五種》（臺北：鼎文書局，1974年）。

清・蔣驥，《山帶閣註楚辭》，《清人楚辭注三種》（臺北：長安出版社，1975 年）。

潛明茲，《中國古代神話與傳說》（臺北：臺灣商務印書館，2000年）。

蕭兵，《神話學引論》（臺北：文津出版社，2001 年）。

譚達先，《中國神話研究》（臺北：木鐸出版社，1982 年）。

二、論　文

王明欽〈王家台秦墓竹簡概述〉，北京大學新出簡帛國際學術研討會論文（2000 年）。

何根海〈月亮神話與中秋拜月的原始意涵〉，《歷史月刊》第 140 期（1999 年 9 月）。

林忠軍〈王家台秦簡《歸藏》出土的易學價值〉，《周易研究》2期（2001 年）。

胡萬川，〈嫦娥奔月神話新探〉，《中國文學史暨文學批評學術研討會論文集》，政治大學中文系（1996 年 10 月）。

胡萬川，〈嫦娥奔月神話源流〉，《歷史月刊》第 140 期（1999 年 9月）。

袁珂，〈嫦娥奔月神話初探〉，《神話論文集》（臺北：漢京文化事業公司，1987 年）。

秦美珊，〈擺盪「日」「月」之間～羿與嫦娥原型故事與儀式的結構分析〉，《文學前瞻：南華大學文學所研究生學刊》第 3

期（2002 年 6 月）。

陳昭昭，〈嫦娥神話傳說及其相關拜月信仰研究〉，《嘉南學報》第 29 期（2003 年 12 月）。

梁韋弦〈王家台秦簡"易占"與殷易《歸藏》〉，吉林師範大學中國 思想文化研究所（1999 年）。

游佩娟〈嫦娥奔月神話研究〉，國立中央大學中國文學研究所碩士 論文（2001 年）。

程水金，〈《歸藏》非殷人之易考〉，長江學術第 4 輯（2003 年）。

管東貴〈中國古代十日神話之研究〉，古添洪、陳慧樺編著，《從 比較文學看神話》（臺北：東大圖書有限公司，1983 年）。

鄭慧如，〈奔月神話考〉，《逢甲中文學報》第 4 期（1996 年 9 月）。

（本文刊登於《國立臺中技術學院學報》
第 8 期第 1 冊，民國 96 年 1 月。）

A Study of the Myths about Yi and Chang Er

Abstracts

This study investigates the myths of Yi and Chang Er. It is divided into nine sections. The first section is the introduction to the research. The second section examines whether the God in Heaven, Yi, is the God of the Sun. The authentic identity of the God in Heaven draws inferences from four evidences, which have illustrated that the God in Heaven should be the God of the Sun. The third section attempts to clarify that the God in Heaven, Yi, and the king of Yeou-Chyong, Hou Yi, are entirely different characters. The fourth section centers on Yi's pursuit for an elixir of immortality. Only the hero such as Ho Yi can obtain the elixir of immortality from the Kunlun Mountains. The fifth section addresses the relationships between Yi's shooting the suns and Chang Er's flight to the moon. The story about shooting the suns is irrelevant to Chang Er, but the story about flying to the moon is related to Yi. This part connects the previous three sections, Yi, with the next three sections, Chang Er. The six section exemplifies four disparities between Chang Er and Chang Yi. It is suggested that they should be regarded as two different mythical figures. The seven section concerns Chang Er's stealing the elixir of immortality. The truth is that the God of the Sun will pass away but the Goddess of the Moon is immortal. The eighth section focuses on the story of Chang Er's flight to the moon. Three conflicts can be found after careful analysis of the story: betrayal versus loyalty, death versus immortality, and repentance versus impenitence. The final section is the conclusion. The perspectives of the study make reasonable inferences on the basis of current literature and research and provide convincing evidences to verify the inferences.

Key words: Chang Er, flight to the moon, Yi, the God of the Sun, an elixir of immortality.

李商隱著作考

義山勤於撰述，著作極夥，約有十六種，涵蓋四部。然多已散佚，今存者鮮矣。

其詩集三卷，流傳至今，誦習不衰。文集久佚，朱鶴齡搜輯佚文，釐爲五卷，錢振倫續爲補編，稍復舊觀。《雜纂》一卷，不徒戲謔之資，亦富警世之言。凡此，皆爲人所熟知也。

義山他書，諸家圖籍，間有著錄，尚可知其名目。近人多箋釋其詩文，似無考其著作者。茲就書目所載，詳加鉤勒，得書若干，依四部之序，分述於後，並略作考證。

壹、經部 —— 二種

一、《蜀爾雅》三卷（佚）

（一）陳振孫《直齋書錄解題》卷三：「《蜀爾雅》三卷　不著名氏。[1]《館閣書目》案李邯鄲云：『唐李商隱採蜀語爲之。』當必有據。」

（二）鄭樵《通志》卷六十三藝文一：「《蜀爾雅》三卷　李商隱。」

---

1 馬端臨《文獻通考》卷 189 引陳氏語，作「不著撰人名氏」。多「撰人」二字，當據補。又：通考多引陳氏之語，不贅錄。

（三）《宋史》卷二〇二藝文一小學類：「李商隱《蜀爾雅》三卷。」

（四）焦竑《國史經籍志》卷二：「《蜀爾雅》三卷　李商隱。」

案：據張爾田《玉谿生年譜會箋》卷四，義山於大中五年（西元八五一年）冬赴蜀，大中十年（西元八五六年）春隨柳仲郢還朝，計在蜀五年。本書當作於此數年之間矣。諸家書目所載之書名、卷數均同。明焦竑《國史經籍志》鈔舊目之文，書或已佚[2]。此書蓋採蜀地俗語，詁訓其義，如李邯鄲所云。

二、《古字略》一卷（佚）

（一）鄭樵《通志》卷六十四藝文二：「《古文略》李商隱。」[3]

（二）焦竑《國史經籍志》卷二：「李商隱《古字略》一卷。」

（三）馮浩《玉谿生詩箋注·史文》：「宋英國公夏竦輯《古文四聲韻》五卷，標列所引諸書，有李商隱《字略》。而郭忠恕《汗簡》所得七十一家，有李尙隱《集略》。其每字下，李尙隱《字略》、李尙隱《集字》、李尙隱《字指》、李尙隱《集略》，皆尙隱，非商隱，是可疑而難定者。今且以《通志》載《古文略》爲互證。」

案：此書《宋史·藝文志》未著錄。鄭氏《通志》未言卷數，焦氏《國史經籍志》始云一卷。其書名應爲《古字略》[4]。今考郭忠恕《汗簡》，「簡」，「璧」等十二字，皆云：「出李尙隱《字略》」，「延」等十字，皆云：「出李尙隱《集字》」，「絹」字云：「出李尙隱《字指》」，則李尙隱之著作，有《字略》、《集字》、《字指》等書，而李商隱所作僅《古字略》一卷，

2　《四庫全書總目》卷 87 史部目錄類存目：「其書叢鈔舊目，無所考核，不論存亡，率爾濫載。古來目錄，惟是書最不足憑。」則是書所錄，未可全信。

3　《中國歷代經籍典》卷 308 小學部引鄭樵《通志》，作《古字略》。

4　夏竦《古文四聲韻》，皆標明《李商隱字略》，省去「古」字。

故知李尚隱非李商隱也。又考夏竦《古文四聲韻》卷一「馗」等十字，卷二「顚」等八字，卷三「侈」等四字，卷四「駛」等十四字，卷五「族」等十一字，共四十七字，下皆云：「李商隱《字略》」。取諸字與《汗簡》核對，共有二十一字亦見《汗簡》。其中「旗」、「輝」、「辨」、「蕨」四字字形全同，「馗」、「珉」、「鱻」、「虔」、「卿」、「鷫」、「璧」七字字形不同[5]，其餘或略同，或略異。而有二十六字不見《汗簡》[6]。然則，李商隱《字略》與李尚隱《字略》，二書不同。疑李商隱即以李尚隱書爲底本，而有所增改[7]。上文考其異同，或可稍釋馮氏之疑。又按：李尚隱，良吏也，三爲憲官。開元二十八年卒，年七十五。《舊唐書》卷一八五、《新唐書》卷一三〇有傳。

貳、史部 —— 三種

一、《李長吉小傳》五卷（殘）

（一）《宋史》卷二〇三藝文二傳記類：「李商隱《李長吉小傳》五卷。」

（二）馮浩《樊南文集詳注》卷八云：「長吉事蹟無多，而《宋史·

5　《古文四聲韻》卷3「辨」字，與《汗簡》「辯」字，字形全同。而《古文四聲韻》卷4「辯」字，與《汗簡》「辯」字，字形不同。故二十一字中，「辨」字計入，「辯」字不計。

6　《汗簡》中，僅「盜」「廣」二字，爲《古文四聲韻》所無。

7　《四庫全書總目》卷41經部小學類二《古文四聲韻》提要：「全祖望跋稱所引遺書八十八家，以校郭氏《汗簡》，未嘗多一種。實即取《汗簡》而分韻錄之，絕無增減異同。」全氏之語，未必盡然。若此處，《古文四聲韻》與《汗簡》即有所不同。

藝文志》傳記類曰：『李商隱《李長吉小傳》五卷』，是誤一爲五也。」

（三）《東京大學東洋文化研究所漢籍分類目錄》史部第九傳記類：「《李賀小傳》　唐李商隱撰　舊小說乙集所收。」

案：《舊唐書》卷一三七〈李賀傳〉，僅九十九字，《新唐書》卷二○三文藝下，文字略增，亦不過二四二字而已。則長吉事蹟，流傳蓋寡，實不足爲五卷。馮氏所言甚確。考《新唐書》卷六十藝文四：「《李賀集》五卷」，《宋史‧藝文志》或因此致誤。義山此傳，係探長吉王氏姊之語。前半述其生平，後半敍死前之異象，並深致其慨。二徐《李義山文集箋註》卷十，馮浩《樊南文集詳注》卷八，並有〈李賀小傳〉。李賀《昌谷集》前亦載之。又今存一篇，似不足爲一卷，當有殘缺。

二、《使範》一卷（佚）

（一）《宋史》卷二○四藝文三儀注類：「李商隱《使範》一卷。」

（二）宋‧程大昌《演繁露》卷十一云：「節將入界，每州縣須起節樓，本道亦至界首。衙仗前引旌方童，中行大將，打珂金鉦，鼓角隨後，右出李商隱所撰《使範》在臺儀後。」

案：此書久佚。《崇文總目》卷二載《使範》一卷，錢侗云：「原釋：王晉撰。記開元以後，使者所用章奏文牒之式。」[8]。義山《使範》，蓋略同王晉之書，亦記使者所用之式也。考張爾田《玉谿生年譜會箋》卷三載：「義山大中元年（西元八四七

---

8 見清錢侗《崇文總目輯釋》，廣文書局 53 年 3 月。王晉《使範》又見《新唐書》卷 58 藝文二儀注類、《宋史》卷 204 藝文三儀注類，重見《宋史》卷 204 藝文三刑法類。

年）冬，奉使如南郡。」則或於其時，留意文牒之式，編成
此書。又據程氏所云，知《使範》有實用價值，曾流傳於世。

三、《家範》十卷（佚）

（一）《宋史》卷二〇四藝文三儀注類：「李商隱《家範》十卷。」
案：此書不見他家著錄，久佚。《宋史・藝文志》儀注類又載：「盧
　　撰《家範》一卷，司馬光《家範》四卷（重見儒家類，作十
　　卷）。」，蓋皆同類之書也。

參、子部 —— 三種

一、《雜纂》一卷（存）

（一）陳振孫《直齋書錄解題》卷十一：「《雜纂》一卷　唐李商
　　　隱義山撰。俚俗常談鄙事，可資戲笑，以類相從。今世所
　　　稱『殺風景』，蓋出於此。又有別本稍多，皆後人附益。」
（二）鄭樵《通志》卷六十八藝文六：「《雜纂》一卷　李商隱撰。」
（三）《宋史》卷二〇六藝文五小說類：「李商隱《雜纂》一卷。」
（四）焦竑《國史經籍志》卷四下：「《雜纂》一卷　李商隱。」
案：今傳《雜纂》，或題《雜纂》，或題《義山雜纂》，書名不同，
　　卷數有異，版本繁雜。鄭阿財歸納爲二系統[9]：1、明抄本《說
　　郛》系統—商務印書館《說郛》卷五屬之。2、《古今說海》

_____

9 見〈《義山雜纂》研究〉，《第一屆國際唐代學術會議論文集》，頁 373，78 年
　2 月。此文原名〈從敦煌文獻看李義山《雜纂》的性質〉，刊於木鐸 12 期，
　頁 111 至頁 119，77 年 3 月。

系統一宛委山堂本《說郛》卷七十六屬之[10]。鄭氏云：「在這二個版本系統中，以明抄本《說郛》的系統為佳，頗存陶宗儀《說郛》之舊，並能保留唐代《雜纂》之原貌。」[11]。故鄭氏謂《古今說海》系統之《雜纂》，係經明人改易。余則以為《說郛》卷五《雜纂》（明抄本系）為民間原本，《說郛》卷七十六《雜纂》（《古今說海》系），為義山潤色之本。其證如下：1、陳振孫云：「又有別本稍多，皆後人附益。」（見前）。則宋代已有二本流傳，一為正本，較少；一為別本，稍多，為人附益。今考《說郛》卷五本，共四十四門，四三〇條，《說郛》卷七十六本，共四十一門，三九二條[12]。二本相較，前本多「無所知」、「少知塵俗」、「十誡」三門，三十八條，則當為別本。後本始為《直齋書錄解題》，所錄之正本。如此，方合陳氏之語。2、陳氏又云：「今世所稱『殺風景』，蓋出於此。」[13]。考《說郛》卷七十六本第十九門，正作「殺風景」，與陳氏語合，當為正本。《說郛》卷五本第十九門，則作「煞風景」。一字之差，可辨版本。今以二本互勘，其異凡四：（1）各門順序不同。（2）各門條數多寡不同。（3）各條順序不同。（4）各條字句有異。推其相異之因，

---

10 此本為《說郛》重編本，亦即《四庫全書》本（《景印文淵閣四庫全書》880冊）。王文誥《唐代叢書》本同。筆記小說大觀30編亦同，但缺「有智能」一門。

11 同註9。又本文為體例所限，不得不於案語中，節引鄭氏之文，特此說明。本節部份資料，亦摘自鄭氏之文。

12 鄭氏將二本項目、條數異同列表，云：「上表中，明抄本《說郛》系統的李商隱《雜纂》計44項、420則。《古今說海》系統的義山《雜纂》計41項、391則。」（頁375）。經細為核對，明抄本實為430則。《古今說海》系，鄭氏僅列390則，實應有392則（20「不忍聞」應有九則。29「癡頑」應有7則，鄭氏作6則）。

13 蔡條《西清詩話》云：「《義山雜纂》，品目數十，蓋以文滑稽者。其一曰『殺風景』。」（《苕溪漁隱叢話》卷22引）。胡舜陟《三山老人語錄》云：「唐人以對花啜茶，謂之『殺風景』。」（同前引）。二書亦作「殺風景」。

一則爲人附益，一則經人潤飾。《說郛》卷五本，文字質直，《說郛》卷七十六本，文較精簡，語意明晰。如卷五本「賊犯贓物」（第四門中），卷七十六本作「賊贓」，縮四字爲二字。卷五本「僧人解飲酒則昏教」（第九門中），卷七十六本作「僧解飲則犯戒」，詞簡意明。卷五本詞較俚俗，當爲民間流傳之原本，卷七十六本典雅簡潔，應爲義山潤飾之本[14]。綜上三證，知《說郛》卷七十六本，並非明人竄易也。

（五）魯迅《中國小說史略》頁一〇一云：「中和年間有李就今字袞求，爲臨晉令，亦號義山，能詩，初舉時恆遊倡家，見孫棨《北里志》，則《雜纂》之作，或出此人，未必定屬商隱，然他無顯證，未能定也。」

（六）昌彼得《說郛考》頁一一二云：「唯是書唐志及《崇文總目》不載，其題李義山、王君玉、蘇軾者，疑皆出後人所僞託也。」[15]

（七）齋藤謙《拙堂文話》卷一云：「物語草紙之作，在於漢文大行之後，則亦不能無所本焉。《枕艸紙》，其詞多沿李義山《雜纂》。」[16]

案：《直齋書錄解題》、《通志》、《宋史·藝文志》皆云爲李商隱撰，無甚可疑。唐志及《崇文總目》，僅載義山詩文集，未載其他著作，殊爲簡略，未可爲據。鄭氏引敦煌寫本《雜抄》、《王梵志詩》、《太公家教》、《武王家教》與《雜纂》相較[17]，章句相近，內容雷同，亦可證《雜纂》成於晚唐矣。又齋藤謙

---

14 疑卷 76 本行世後，卷五本仍流行民間，且又爲人附益。遂有二《雜纂》，同傳於世。
15 《說郛考》，文史哲出版社 68 年 12 月。
16 《拙堂文話》，文津出版社 74 年 3 月再版。
17 同註 9，頁 377 至頁 381。

謂《枕艸紙》，多沿《雜纂》。考《枕艸紙》爲清少納言著，其生存年代，爲西元九六六至一○二一？[18]，約當宋初之時。在此之前，《雜纂》已傳至東瀛，影響《枕艸紙》之作，則《雜纂》必唐人之作也。宋人又有引用者[19]，流傳已廣，當非僞託也。義山之後，又有宋王君玉《雜纂續》、蘇軾《雜纂二續》、明黃允交《雜纂三續》、清韋光黻《雜纂新續》、顧祿《廣雜纂》諸續編[20]。

（八）李燾云：「用諸酒杯流行之際，可謂善謔。其言雖不雅馴，然所訶誚，多中俗病，聞者或足以爲戒，不但爲笑也。」[21]

（九）魯迅《中國小說史略》頁一○○云：「書皆集俚俗常談鄙事，以類相從，雖止於瑣綴，而頗亦穿世務之幽隱，蓋不特聊資笑噱而已。」

案：《雜纂》寓教誨於嬉笑之間，爲人所喜，流傳較易。自晏殊有「未向人間殺風景，更持醪醑醉花前」之句，王安石有「但怪傳呼殺風景，豈知禪客夜相投」之句[22]，《雜纂》中「殺風景」一語，遂廣爲人知矣。

二、《雜稿》一卷（疑即《義山雜記》）

（一）《宋史》卷二○六藝文五小說類：「李義山《雜稿》一卷。」

（二）馮浩《玉谿生詩箋注・史文》：「（宋）志於《雜稿》一卷，書李義山。史志書名不書字，余初疑之，核其上下所引諸書，當即商隱也。《雜稿》似即〈象江太守〉等五紀之類，

18 同註 9，頁 381。
19 參看註 13。
20 同註 18。前三書皆見《說郛》。
21 馬端臨《文獻通考》卷 215 經籍 42 引。
22 蔡絛《西清詩話》，《苕溪漁隱叢話前集》卷 22 引。

後人亦稱《雜記》。」

（三）《東京大學東洋文化研究所漢籍分類目錄》子部第十二小說
　　　家類：「《義山雜記》一卷　唐李商隱撰　重較《說郛》弱
　　　第二十六所收。」又：「〈宜都內人〉唐李商隱撰　舊小說
　　　乙部所收。」又：「〈齊魯二生〉唐李商隱撰　舊小說乙部
　　　所收。」

案：《宋史‧藝文志》列《雜稿》於小說類，而《義山雜記》亦屬
　　小說，同有「雜」字，卷數又同。馮氏以爲《雜稿》即《雜
　　記》，其言可信。今《說郛》卷二十六有《義山雜記》，含〈象
　　江太守〉（記鄭璠）、〈華山尉〉（記陶生）、〈宜都內人〉（記
　　宜都內人諫武后）、〈齊魯二生〉（記程驤、劉叉）四文。姚
　　鉉《唐文粹》卷一〇〇，並載之。二徐《李義山文集箋註》
　　卷十「雜著」，馮浩《樊南文集詳注》卷八「雜記」均錄之，
　　蓋輯自《唐文粹》也。又《宋史‧藝文志》小說類有《李商
　　隱雜纂》一卷，又有《李義山雜稿》一卷，分明是二書，不
　　宜混[23]。

三、《金鑰》二卷（佚）

（一）陳振孫《直齋書錄解題》卷十四：「《金鑰》二卷　唐太學
　　　博士河內李商隱義山撰。分四部曰：帝室、職官、歲時、
　　　州府。大略爲牋啓應用之備。」

（二）《宋史》卷二〇七藝文六類事類：「李商隱《金鑰》二卷。」

（三）焦竑《國史經籍志》卷九：「《金鑰》二卷　李商隱。」

（四）馮浩《玉谿生詩箋注‧史文》：「《玉海》藝文類：『唐《金

23　鄭阿財〈《義山雜纂》研究〉，謂或有人疑《雜稿》即《雜纂》，頁372。

鑰》二卷，太學博士李商隱分門編類。」按：是則宋本多
稱學博。」

案：此書失傳。《宋史》卷二〇七藝文六類事類，亦載溫庭筠《學
海》三十卷。溫李駢文齊名，二書蓋同為「兔園冊」之類，
備箋啓之用也。又謝伋《四六談塵》亦云：「四六全在編類
古語，唐李義山有《金鑰》。」

肆、集部 ── 八種

一、《玉溪生賦》一卷（殘）

（一）《新唐書》卷六十藝文四別集類：「賦一卷。」

（二）《崇文總目》卷五：「《玉溪生賦》一卷　李商隱撰。」

（三）陳振孫《直齋書錄解題》卷十六：「《玉溪生集》三卷　李
商隱自號。此集即前卷中賦及雜著也。」

（四）鄭樵《通志》卷七十藝文八：「《玉溪生賦》一卷　李商隱
撰。」

（五）《宋史》卷二〇八藝文七別集類：「《李商隱賦》一卷。」

案：今存二賦。二徐《李義山文集箋註》卷十有〈蝨賦〉、〈蝎賦〉，
馮浩《樊南文集詳注》卷八同。二書並附陸龜蒙〈後蝨賦〉。
陸氏有序云：「余讀玉谿生〈蝨賦〉有就顏（家歆案：徐本
誤作『賢』。）避跖之歎，似未知蝨。作〈後蝨賦〉以矯之。」
則〈蝨賦〉確為義山作，且曾流傳，為陸氏所見。明顧大韶

續作〈又後蝨賦〉以正之。元楊維楨亦有〈罵蝨賦〉[24]。此書原爲單行，或合雜著等，爲《玉溪生集》三卷。又《漫叟詩話》云：「讀玉溪生〈江之嫣賦〉。」[25]。蘇軾《漁樵閒話》云：「漁曰：李義山賦三怪物。」[26]。王應麟《困學紀聞》卷十七云：「李義山賦怪物。」楊伯嵒《臆乘》云：「李義山〈雪賦〉云。」[27]。史容《黃山谷外集》詩註：「李義山〈美人賦〉。」然則，義山之賦，尚殘存諸書中。

二、《雜文》一卷（殘）

（一）《新唐書》卷六十藝文四別集類：「文一卷。」

（二）《宋史》卷二〇八藝文七別集類：「《雜文》一卷。」

案：當從《宋史‧藝文志》作《雜文》，義山另有文集八卷。二徐、馮浩本均有〈斷非賢人事〉、〈讓非賢人事〉，輯自姚鉉《唐文粹》卷四十八，皆古文，疑即《雜文》之殘篇。又此書或合賦等，爲《玉溪生集》三卷。

三、《李商隱文集》八卷（殘）

（一）晁公武《郡齋讀書志》卷四中：「又文集八卷。」

（二）陳振孫《直齋書錄解題》卷十六：「《李義山集》八卷。」

（三）《宋史》卷二〇八藝文七別集類：「《李商隱文集》八卷。」

24　顧、楊之賦，並見陳元龍《御定歷代賦彙》卷140。《景印文淵閣四庫全書》1421冊。

25　見阮閱《詩話總龜》卷27引。又馮浩《樊南文集詳注》卷8云：「亦見趙德麟《侯鯖錄》、《許彥周詩話》。江之嫣者，江鄉之美人也。」案：宋趙令畤，字德麟。趙氏《侯鯖錄》卷2作〈江嫣賦〉。許顗《許彥周詩話》未言賦名。又亦見計有功《唐詩紀事》卷53。

26　見《說郛》卷29下。

27　見《說郛》卷21，亦見馮浩《樊南文集詳注》卷8引。上文所引《漫叟詩話》、《漁樵閒話》、《困學紀聞》及下文史容註，同見卷8。

（四）楊士奇《文淵閣書目》卷二：「《李義山文集》一部十冊。」

（五）《四庫全書總目》卷一五一集部別集類四：「今惟詩集三卷
　　　傳，文集皆佚。國朝朱鶴齡始裒輯諸書，編爲五卷，而闕
　　　其狀之一體。康熙庚午炯典試福建，得其本於林佶，採摭
　　　《文苑英華》所載諸狀補之，又補入〈重陽亭銘〉一篇，
　　　是爲今本。」

案：義山已自編駢文爲《樊南甲、乙集》，則此八卷皆爲古文也。
　　今本爲朱鶴齡自《文苑英華》、《唐文粹》、《御覽》、《玉海》
　　諸書輯出[28]，混駢文、古文編爲五卷。二徐《李義山文集箋
　　註》、馮浩《樊南文集詳注》，俱用朱本。考今本表、狀、啓
　　外，尚有祭文十九篇、祝文二十一篇、序四篇、檄一篇（馮
　　本改爲書）、書三篇、箋一篇、碑銘二篇[29]，共五十一篇（傳、
　　賦、雜記另獨立成卷），皆爲《李商隱文集》之殘篇也。錢氏
　　《樊南文集補編》卷九至卷十二，又有碑銘三篇、行狀三篇、
　　黃籙齋文六篇、祝文六篇、祭文九篇，共計二十七篇，亦文
　　集之遺也。正編、補編合計七十八篇。又程大昌《演繁露》
　　卷七云：「唐人舉進士必行卷者，爲緘軸錄其所著文，以獻主
　　司也。其式見《李義山集》」。此《李義山集》，應爲其文集也。

四、《樊南甲、乙集》（殘）

（一）《舊唐書》卷一九〇文苑下：「李商隱有表狀集四十卷。」
　　　（《冊府元龜》卷七一八幕府部才學類同。）

---

28 見朱鶴齡〈新編李義山文集序〉，《愚菴小集》卷7。《景印文淵閣四庫全書》
　　1319 冊。
29 祭文 19 篇，多自《文苑英華》卷 989 至卷 994 輯出。祝文 21 篇，自《文
　　苑英華》卷 995 至卷 997 輯出。序 4 篇，自《文苑英華》卷 707、《唐文粹》
　　卷 93 等書輯出。書 3 篇，自《唐文粹》等書輯出。

（二）《新唐書》卷六十藝文四別集類：「《李商隱樊南甲集》二十
　　　卷、《乙集》二十卷。」

（三）《崇文總目》卷五：「《樊南四六甲集》二十卷　李商隱撰。
　　　《樊南四六乙集》二十卷　李商隱撰。」

（四）晁公武《郡齋讀書志》卷四中：「《李商隱樊南甲集》二十
　　　卷、《乙集》二十卷　右唐李商隱義山也。…今《樊南甲、
　　　乙集》皆四六，自為序，即所謂繁縟者。」

（五）陳振孫《直齋書錄解題》卷十六：「《樊南甲乙集》四十卷　唐
　　　太學博士河內李商隱義山撰。…『甲乙集』者，皆表章啓
　　　牒四六之文。既不得志於時，歷佐藩府。自茂元、亞之外，
　　　又依盧宏正、柳仲郢，故其所作應用若此之多。商隱本為
　　　古文，令狐楚長於章奏，遂以授商隱。然以近世四六觀之，
　　　當時以為工，今未見其工也。」

（六）鄭樵《通志》卷七十藝文八：「《樊南四六甲集》二十卷　李
　　　商隱　又《樊南四六乙集》二十卷。」

（七）《宋史》卷二〇八藝文七別集類：「《（李商隱）四六甲乙集》
　　　四十卷。」

（八）馮浩《玉谿生詩箋注·史文》：「陳氏曰：『商隱所作應用之
　　　文，當時以為工，以近世四六較之，未見其工也。』蓋義
　　　山之與宋人駢體與六朝舊法異，故反嗤點樊南耳。」

案：書名有三異稱：1、《樊南甲集、乙集》。2、《樊南四六甲集、
　　乙集》。3、《（李商隱）四六甲乙集》。或有「四六」二字，
　　或無，而皆稱「甲乙集」。考李商隱〈樊南甲集序〉云：「喚
　　曰：樊南四六。四六之名，六博格五，四數六甲之取也。」
　　又〈樊南乙集序〉云：「名之曰：四六乙。」則義山自定之
　　書名為《樊南四六甲乙集》矣。其卷數，或分言甲集二十卷、

乙集二十卷，或合言四十卷，總數皆同。其內容，晁氏云：「皆四六。」陳氏云：「皆表章啓牒四六之文。」蓋任幕府書記時，為人代筆之作也。此書久佚，清・朱鶴齡始輯佚文，得二百餘篇（含古文），二徐、馮浩為之注。《全唐文》中又多二百餘篇，係自《永樂大典》錄出[30]。錢振倫、錢振常箋注之，名曰《樊南文集補編》。考〈樊南甲集序〉云：「得四百三十三件。」而〈樊南乙集序〉云：「其間可取者四百而已。」都八百三十三篇。今本所存不逮其半，散佚亦多矣。

五、《別集》二十卷（可疑）

（一）《宋史》卷二〇八藝文七別集類：「《（李商隱）別集》二十卷。」

案：義山以詩文知名，諸家書目載其詩文集頗詳，獨此書不見他家著錄，無以考其源流[31]。《樊南四六甲集、乙集》皆二十卷，與此本卷數同。疑即誤混四六集為別集。

六、詩集三卷（存）

（一）《新唐書》卷六十藝文四別集類：「《玉溪生詩》三卷。」

（二）《崇文總目》卷五：「《李義山詩》三卷　李商隱撰。」

（三）晁公武《郡齋讀書志》卷四中：「詩五卷，清新纖艷。」

（四）陳振孫《直齋書錄解題》卷十九：「《李義山集》三卷　唐太學博士李商隱義山撰。」

---

30 今《永樂大典》殘本中，僅〈為湖南座主賀馬相公登庸啓〉（卷541）、〈戶部侍郎啓〉（卷7304）二文，餘201篇皆不見。後閱顧力仁《永樂大典及其輯佚書研究》（文史哲出版社，74年7月），乃知今殘本742卷，為原本廿八分之一，則義山諸文，或在《永樂大典》佚篇中。

31 萬曼《唐集敘錄》頁283亦云：「別集20卷，則不知所出。」

（五）鄭樵《通志》卷七十藝文八：「《玉溪生詩》一卷。」

（六）《宋史》卷二○八藝文七別集類：「《（李商隱）詩集》三卷。」

（七）楊士奇《文淵閣書目》卷二：「《李商隱詩》一部四冊。」

（八）焦竑《國史經籍志》卷五：「《玉溪生詩》一卷。」

（九）馮浩《玉谿生詩箋注·史文》：「《通志》作詩一卷，豈合三
　　　卷爲一卷耶？」

（十）于敏中《欽定四庫全書簡明目錄》卷十五　：「《李義山集》
　　　三卷…其集唐宋以來，祇有此本，近刻或分體，或編年，
　　　皆非其舊也。」[32]

案：諸家稱名各異，有：1、《玉溪生詩》。2、《李義山詩》。3、《李
　　義山集》。4、《（李商隱）詩集》。5、《李商隱詩》。稱名，稱
　　字，稱號，稱「詩」，稱「詩集」，並無定名。《新唐書》時
　　代較近義山，所稱《玉溪生詩》，或爲原名。今傳本，多作
　　《李義山詩集》，稱其字。卷數多爲三卷，而鄭氏《通志》、
　　焦氏《經籍志》同作一卷，或傳本不同。今本有：六卷本。
　　題「《李義山詩集》　太學博士李商隱　義山」，爲江安傅氏
　　雙鑑樓藏嘉靖刊本，上海涵芬樓借以景印，即商務印書館四
　　部叢刊本[33]。此本依詩體分卷：卷一—五言古詩，卷二—七
　　言古詩，卷三—五言律（案：原作「古」，據《全唐詩稿本》
　　校改）詩，卷四—五言律詩，卷五—七言律詩，卷六—五言
　　絕句。似已重編，非其舊貌。《全唐詩稿本》用此本爲底本。
　　另有 1、三卷本。即《四庫全書》所收「《李義山詩集》三卷」，
　　《四庫全書總目》卷一五一云：「內府藏本。」此本以〈錦

32　清同治間黎永椿等校刊本，《書目類編》（6）。

33　「嘉靖刊本」爲「嘉靖庚戌（29年）毗陵蔣氏刊本」（見《東京大學東洋文
　　化研究所漢籍分類目錄》集部第二別集類）。

瑟〉爲首篇，蓋仍宋本之舊[34]。下篇〈李商隱詩文集版本考〉，詳考版本，可參看。

七、《桂管集》二十卷（佚）

（一）《宋史》卷二○九藝文八總集類：「李商隱《桂管集》二十卷。」

（二）馮浩《玉谿生詩箋注·史文》：「《桂管集》豈在桂海諸賢之合集歟？」

案：此書《宋史·藝文志》入總集類，蓋爲編纂成書者。考義山大中元年（西元八四七年）隨鄭亞赴桂州，大中二年（西元八四八年）二月鄭亞貶循州刺史，義山還爲盩厔尉。則此書當爲大中初，義山集桂州文士之作編成。又或爲唱和集，如皮日休《松陵集》之類。

八、《梁詞人麗句》一卷（疑）

（一）陳振孫《直齋書錄解題》卷十五：「《梁詞人麗句》一卷　唐李商隱集梁明帝蕭巋以下十五人詩，并鬼詩、童謠。」

（二）《四庫全書總目》卷一九七集部詩文評類存目：「《吟窗雜錄》五十卷　舊本題狀元陳應行編…蓋僞書也。前列諸家詩話，惟鍾嶸《詩品》爲有據，而刪削失真。其餘如李嶠、王昌齡、皎然、賈島、齊己、白居易、李商隱諸家之書，率出依託，鄙倍如出一手。」

（三）羅根澤《晚唐五代文學批評史》頁六十二：「李商隱本來是

---

34 何焯《義門讀書記》云：「（〈錦瑟〉）亡友程湘衡謂此義山自題其詩以開集首者。次聯言作詩之旨趣，中聯又自明其匠巧也。余初亦頗喜其說之新。然義山詩三卷，由於後人掇拾，非自定，則程說固無據也。」姑不論程說然否，今傳宋本實多以〈錦瑟〉爲首篇也。

取法齊梁的，《樊南甲集》自序云：『往往咽噱於任范徐庾
之間』，集梁詞人麗句，並非不可能，所以不一定是偽書。」
35

案：《吟窗雜錄》卷十四有《李商隱梁詞人麗句》，錄梁詞人蔡延
　休、褚珪、岑之元、王衡、王湜、惠墓道士、李孝勝、談士
　雲、僧正惠偏、蕭欣、陳初十一人之詩句，中亦有岑之元〈夢
　韋琳所贈鬼詩〉四句，陳初〈童謠〉五言四句[36]，除人數較
　陳氏所云少四人，餘皆合。此書應即爲陳氏所見之書也。而
　《四庫全書總目》謂「率出依託」，王重民謂出宋代坊賈之
　手[37]，羅根澤謂未必爲偽書，諸說不同。考晚唐之時，盛行
　詩句圖[38]，謂義山集麗句著此書，似亦可通。

　　綜上所考，共得經部二種，史部三種，子部三種，集部八種，
都十六種。義山虛負高才，不用於世，奔走幕府，委身記室。乃
黽勉述作，欲爲名山之業，然又多散佚，不傳於世，可悲矣。

（本文刊登於《興大中文學報》第 4 期，

民國 80 年 1 月。）

35　在《中國文學批評史》中，學海出版社 69 年 9 月。
36　見羅根澤《晚唐五代文學批評史》頁 62 至頁 63 引。國立中央圖書館善本
　　書庫二，藏有明嘉靖 27 年崇文書堂刊本《陳學士吟窗雜錄》。
37　《中國善本書提要》，明文書局 73 年 11 月。
38　如張爲有《詩人主客圖》，李洞有《集賈島詩句圖》。

李商隱詩文集版本考

壹、詩集版本考

　　《舊唐書》卷一九〇文苑下：「商隱有表狀集四十卷。」未言詩集。《新唐書》卷六十藝文四別集類：「《玉溪生詩》三卷。」詩集已有傳本。今考諸家書目，乃知宋有抄本、刊本。明雕版較多，有嘉靖刊本、天啓刊本，又有席氏影宋本、毛氏仿宋本。清刻本亦夥。域外又有朝鮮刻本、江戶寫本。此其詩集版本之大略。下分宋、明、清，排比資料，並作考證。

一、宋

（一）《李商隱詩集》三卷　北宋本影鈔（錢曾《虞山錢遵王藏書目錄彙編》，《書目類編》（32）。）

（二）《李義山詩集》三卷　唐李商隱撰　楊立誠云：「張目有馮氏護淨居士崇禎甲戌鈔以北宋本校成之本，馮有二跋。又有以孫孝若家北宋本校毛本。」（《四庫目略》，《書目類編》（11）。）[1]

---

1 此段文字亦見莫友芝《邵亭知見傳本書目》，書目類編（75）。又邵章《四庫簡目續錄》云：「孫功甫藏北宋本，分上中下 3 卷，構桓諸字不避。」（見萬曼《唐集敍錄》頁 284 引）。孫功甫當即孫孝若，則孫本確為北宋本無疑。

案：據此，義山詩集，北宋已有傳本矣。然西崑諸賢皆不及見也[2]。
　　又馮氏用以校勘之北宋本、孫孝若家北宋本，亦未能知是否
　　爲同一本。

（三）《李商隱詩集》五卷　　唐李商隱撰　　影寫宋刊本（朱學
　　　勤《結一盧書目》，《書目類編》（30）。）

（四）《李商隱詩集》三卷　　唐李商隱撰　　清影宋抄本三（無
　　　名氏《北京圖書館善本書目》，《書目類編》（20）。）

案：此二本，未言爲北宋本或南宋本。義山詩集傳本有三卷本、
　　六卷本，朱氏云「五卷」，則不知所出。又宋本爲明清刊本
　　之祖，然其淵源難明也。

二、明

（一）《李商隱詩集》三卷　　唐李商隱撰　　明悟言堂抄本二冊
　　　（無名氏《北京圖書館善本書目》，《書目類編》（20）。）

案：明傳抄本，僅此一本，列之於首。

（二）《李義山詩集》六卷　　太學博士李商隱義山　　上海涵芬
　　　樓借江安傅氏雙鑑樓藏明嘉靖刊本景印（《四部叢刊》本。
　　　又《東京大學東洋文化研究所藏漢籍分類目錄》作「景江
　　　安傅氏雙鑑樓藏明嘉靖庚戌毗陵蔣氏刊本」。）

（三）《李義山詩文集》六卷　　明嘉靖刊本　　《中唐詩》之一
　　　中圖一二三五（《台灣公藏善本書目人名索引》）

（四）《李義山詩集》一卷　　明天啓刊本　　《唐中晚名家詩集》
　　　之一　　中圖一二四〇（《台灣公藏善本書目人名索引》）

案：以上三本，爲明刊本有年代者。《四部叢刊》景印之「嘉靖刊

2　萬曼云：「今傳本李詩，出自宋人 3 卷本，當時名賢如楊億、錢若水乃皆不
　　見，當在稍後才鏤版梓行。」（《唐集敍錄》頁 284）。

本」，蓋即「嘉靖庚戌毗陵蔣氏刊本」。庚戌為嘉靖二十九年，西元一五五〇年。義山詩集，影宋本外，以此本為最早，故《四部叢刊》收入。葉德輝云：「以錢牧齋手校宋抄本證之，往往與之相合，知必有所本矣。」[3]。全唐詩稿本，即以此本為底本。前篇《李商隱著作考》，已有考證，可參看。又天啟為熹宗年號。

（五）《李義山詩集》三卷　　唐李商隱撰　　席氏刊本（楊立誠《四庫目略》，《書目類編》（11）。）

（六）《李義山集》三卷　　唐李商隱撰　　席氏刊本（丁仁《八千卷樓書目》卷十五，廣文書局五十九年六月。）

案：此二本同為席氏刊本，即楊柳所藏之古本三卷合訂本[4]，蓋為席氏翻刻宋本。此本不見《台灣公藏善本書目人名索引》，台灣無。又楊柳謂古本有詩之附注，共舉十四首詩，經與朱（鶴齡）本一一核對，此十四詩附注，朱本皆有之。故知朱本與席氏刊本，底本實同，並為影宋本也[5]。

（七）《李義山集》三卷　　唐李商隱撰　　明末毛氏汲古閣刻《唐人八家詩》本　　毛扆校　四冊（無名氏《北京圖書館善本書目》，《書目類編》（20）。）

（八）《李義山集》三卷　　唐李商隱撰　　明末毛氏汲古閣刻《唐人八家詩》本　　口介庵校　二冊（同前）

（九）《李義山集》三卷　　一冊　　唐李商隱撰　　明末海虞毛氏汲古閣刊唐人集八種本　　墨批（《國立中央圖書館善本

3　《郋園讀書志》卷7，見萬曼《唐集敘錄》頁284引。
4　楊柳云：「筆者身邊藏有古本《李商隱詩集》上、中、下3卷合訂本，後有長方形墨色篆刻印鑑，文曰：『東川席氏悉從宋本刊出，琴川書屋。』現可確定，這是翻刻宋朝古本《李商隱詩集》的。」（《李商隱評傳》頁38）。
5　楊柳云：「篇目編排基本上和清初朱鶴齡注釋的古本相同。」（同註4）。篇目編排既同，詩之附注又同，可證二本底本同。

書目》，第三冊。）

（十）《李義山集》三卷　　二冊　　唐李商隱撰　　明末海虞汲
　　　古閣刊唐人集八種本（同前）

案：此本亦見楊立誠《四庫目略》、丁仁《八千卷樓書目》卷十五
　　著錄。俱未言冊數。北京圖書館所藏有二冊、四冊，校者不
　　同（二冊本之校者姓氏已殘），中央圖書館所藏爲一冊、二
　　冊。卷數同爲三卷。考清人影汲古閣本有二：1、清宣統二
　　年（一九一〇）上海木石居影印汲古閣仿宋本，三卷，四冊
　　（無名氏《四川省圖書館藏古籍目錄》）。2、上海掃葉山房
　　影印汲古閣本三卷（范希曾《書目答問補正》卷四）。木石
　　居影本亦爲四冊，與毛扆校本同。掃葉山房影本，未言冊數。
　　然則，毛氏汲古閣刻本，冊數不同，有一冊、二冊、四冊之
　　異，或所刻之時不同歟？又毛刻本書名無「詩」字。

（十一）《唐李義山詩集》六卷　　唐李商隱撰　　明刻本　　四
　　　冊　　陳捐（無名氏《北京圖書館善本書目》，《書目類編》
　　　（20）。）

（十二）《唐李義山詩集》六卷　　一冊　　唐李商隱撰　　明刻
　　　本有邸郎批點（無名氏《四川省圖書館藏古籍目錄》，《書
　　　目類編》（26）。）

（十三）《李義山詩集》三卷　　唐李商隱撰　　明刊本（楊立誠
　　　《四庫目略》，《書目類編》（11）。）

案：以上三本爲明刊本中，未言年代者。北京圖書館、四川省圖
　　書館所藏本，書名、卷數皆同，冊數不同，或爲同一本也。
　　又與嘉靖本，書名、卷數同，或即嘉靖本也。三卷本與席氏
　　刊本書名同，或即席氏刊本。

三、清

（一）《李商隱詩集》三卷　　《唐詩百名家全集》（康熙本、光緒本）第三函（《叢書子目類編集部別集類》）

（二）《李商隱詩集》存八卷　　三冊　　唐李商隱撰　　清康熙間海鹽胡氏刊《唐音戊籤》本　　過錄清何焯、盧文弨校語　　存卷一至卷八（《國立中央圖書館善本書目》，第三冊。）

案：以上二本，皆在唐詩總集之中。《唐詩百名家全集》，當即明朱警彙集唐一百名家之詩，所編之《唐百家詩》[6]。《唐音戊籤》，爲明胡震亨所編《唐音統籤》第五集，所錄皆爲晚唐詩[7]，義山詩亦在其中矣。又案：自朱鶴齡成《李義山詩註》，諸家以之爲藍本，補正闕誤[8]，註本蜂出，梓行亦廣。而此處僅錄白文本，有註者，另詳下篇《李商隱詩註本考》。

（三）《李義山詩文集》三卷　　清《文淵閣四庫全書》本　　故宮一八八（《台灣公藏善本書目人名索引》）

（四）《李義山詩集》三卷　　《四庫全書》集部別集類（《叢書子目類編》集部別集類）

案：此本見臺灣商務印書館《景印文淵閣四庫全書》一〇八二冊，頁一至頁七十八。《四庫全書總目》卷一五一云：「內府藏本。」于敏中《欽定四庫全書簡明目錄》卷十五云：「其集，唐宋以來，祇有此本。近刻或分體、或編年，皆非其舊也。」[9]。

6　參看劉兆祐《御定全唐詩與錢謙益季振宜遞輯唐詩稿本關係探微》頁 1。見錢謙益、季振宜遞輯《全唐詩稿本》前，聯經出版事業公司 68 年 9 月。
7　同註 6，頁 6。
8　《四庫全書總目》卷 151《李義山詩集》提要。
9　《書目類編》（6）。

然萬曼云：「《四庫全書》著錄係內府藏本，乃明刊，非宋槧
也。」[10]，則以此本爲明刊。考此本分上、中、下三卷，以
〈錦瑟〉居首，〈安平公詩〉殿後，與朱鶴齡所云一本同[11]。
題名又同《四庫目略》著錄之本，則淵源亦古矣。

（五）《李義山詩集》七卷　　唐李商隱撰　　《唐三家集》（《叢
書子目類編》集部別集類）

案：此本與嘉靖刊本題名同，卷數多一卷，豈以目錄爲一卷歟？

（六）《李義山詩集》六卷　　清嘉慶間揚州汪氏校刊本（楊立誠
《四庫目略》，《書目類編》（11）。）

案：此本應即嘉靖刊本。汪氏爲汪全泰，見范希曾《書目答問補
正》卷四。清刊本另有「上海木石居影印汲古閣仿宋本」、「上
海掃葉山房影印汲古閣本」，已見前。

四、域　外

（一）《李商隱詩集》十卷補遺一卷　　唐李商隱撰　　朝鮮刻本
二冊　　邢捐（無名氏《北京圖書館善本書目》，《書目類
編》（20）。）

（二）《李商隱詩集》一〇卷　　唐李商隱　　江戶寫（《內閣文
庫漢籍分類目錄》）

案：中土傳本，多爲三卷、六卷，未見十卷者。此本源流不明，
豈《唐音戊籤》本歟？朝鮮刻本，原爲邢之襄藏本，後歸北
京圖書館[12]，似流傳未廣[13]。江戶寫本，亦爲十卷，京都大學

10　《唐集敘錄》頁 284。
11　朱鶴齡《李義山詩集》，「安平公詩」後又有「赤壁」等詩四首，「赤壁」詩
　　下注：「以下四首一本闕。」
12　同註 10。
13　朴仁成云：「在韓國，研究李商隱的人是絕無僅有的。」（《李商隱及其詩研
　　究》自序）。可知此本見者或少。

人文科學研究所，曾於昭和四十九年景照，見該所《漢籍目錄》。江戶約當明神宗萬曆中至清穆宗同治。

　　就上列所考，可得結論如下：1、書名有三異稱：（1）《李商隱詩集》。稱其名。宋本多用之。（2）《李義山詩集》。稱其字。明清本題此名。（3）《李義山集》，無「詩」字。毛氏汲古閣刻本作此。未有稱《玉溪生詩》者。2、卷數多者有域外十卷本，少者爲天啓刊本，僅一卷而已。而以三卷、六卷爲多。三卷爲原本，六卷爲重編之嘉靖刊本。另有宋五卷本，清八卷殘本、七卷本。3、以三卷本、六卷本流行較廣也。清註本多用三卷本。

貳、文集版本考

（一）《李義山文集》五卷　　唐李商隱撰　　清抄本一冊（無名氏《北京圖書館善本書目》，《書目類編》（20）。）

（二）《李義山文集》五卷　　唐李商隱撰　　上海涵芬樓借苦里瞿氏鐵琴銅劍樓藏稽瑞樓鈔本景印（《四部叢刊》本。又《東京大學東洋文化研究所漢籍分類目錄》作「景常熟瞿氏鐵琴銅劍樓藏舊鈔本」。）

案：北京圖書館所藏之清抄本、稽瑞樓鈔本，疑爲同一本。稽瑞樓鈔本後，有姜殿揚識語云：「義山文舊本不傳，此吳江朱鶴齡重編五卷本，爲今本之祖。與崑山徐氏箋注本，小有出入。卷一〈爲柳州鄭郎中謝上表〉第九行「憑」字下、「用」字上錯脫四百餘字，中佚題目一行。疑稽瑞樓所據，舊有錯簡，猶爲鶴齡原本，提要所謂未竟之稿也。」瞿氏《鐵琴銅劍樓藏書目錄》云：「唐李商隱撰，稽瑞樓精抄本，馮氏藏

本原分三卷，此五卷本朱長孺得之重編者也。」[14]。據此，稽瑞樓鈔本應即朱鶴齡重編本也。然尙有可議者，考清抄本、朱重編本外，尙有徐氏今本。徐炯《箋注李義山文集》凡例云：「其（朱鶴齡）蒐輯頗勤，獨闕『狀』之一體，而閩本李集有之。林孝廉吉人舉贈。攜歸。已而核之，則諸『狀』皆《英華》所有也，長孺偶遺耳。又〈劍州重陽亭銘〉，乃長洲顧孝廉俠君于《全蜀藝文志》檢得，錄以示余，今并爲補入。餘仍長孺之舊。字句則閩本缺訛差少，頗藉以校正云。」[15]。義山文集久佚，朱鶴齡始裒輯之，徐氏所謂「閩本李集」者，不知爲何本。若爲義山文集之傳本，則朱氏不必輯佚。若閩本即朱輯本在閩所刻者，則閩本有「狀」，安得謂長孺偶遺，故徐氏此語極爲可疑。《四庫全書總目》卷一五一云：「今惟詩集三卷傳，文集皆佚。國初吳江朱鶴齡始裒輯諸書，編爲五卷，而闕其『狀』之一體。康熙庚午炯典試福建，得其本於林佶，採摭《文苑英華》所載諸『狀』補之，又補入〈重陽亭銘〉一篇，是爲今本。」提要之語蓋據徐氏凡例。然提要謂文集皆佚，則「閩本」究爲何本，豈未佚之本歟？又據提要言，徐本當有〈劍州重陽亭銘〉（見卷十），今考稽瑞樓鈔本並無〈劍州重陽亭銘〉[16]，則稽瑞樓鈔本應非徐氏今本，而爲朱氏原本矣。然徐氏謂朱氏原本「獨闕狀之一體」，提要所言亦同，而稽瑞樓鈔本卷二有「狀」二十四篇，檄一篇，並未闕「狀」，則與徐氏之語齟齬。今取徐氏《李義山文集箋註》卷三與稽瑞樓鈔本相較，徐本錄「狀」二十

---

14 見萬曼《唐集敍錄》頁285引。
15 《四部要籍序跋大全》集部乙輯，華國出版社41年4月。
16 卷4下小目中有「銘」，而卷內實無銘文。

五篇，其中第十五篇〈爲滎陽公桂州舉人自代狀〉，爲稽瑞
樓鈔本所無，餘二十四篇皆與稽瑞樓鈔本同[17]。然則，徐氏
僅補一篇而已，安得謂「闕狀之一體」。余以爲朱氏原本實
未闕「狀」，其證有二：1、李商隱「狀」多見《文苑英華》
卷六二九至六四四，篇數不少，朱氏既錄表、啓，豈有獨漏
「狀」之理？豈能視「狀」若無睹？朱氏非如此鹵疏之人也。
2、朱氏原本共五卷，卷二「狀」二十四篇，文一篇。若闕
「狀」一體，獨有文一篇，實不足爲一卷。故余疑徐氏之言
有誤，提要錄徐氏之語，未查核朱氏原本，亦誤。又推徐氏
致誤之因，蓋誤讀朱氏之語。朱鶴齡〈新編李義山文集序〉
云：「余箋註其詩，檢閱《文苑英華》、《唐文粹》、《御覽》、
《玉海》諸部，蒐輯義山文，凡得表、書、啓、檄、序、說、
論、賦、祭文、墓碑等作，共若干首，釐爲五卷。」（《愚菴
小集》卷七）。朱氏序言，不過舉其大略，而徐氏見序中無
「狀」字，遂誤以「闕狀之一體」[18]，然朱本實未闕「狀」
也。自徐氏有闕狀之語，《四庫全書總目》錄之，學者不察，
亦多從之，故余不得不曉曉辨明之。又朱氏原本輯文，多依
《文苑英華》卷數之次序，徐本同，馮浩《樊南文集詳注》
則按年重編，更易其序。又按：汪琬〈跋李義山詩注〉有云：
「長孺每爲予言道源所引釋氏書最稱灝博。」（《堯峰文鈔》

---

17 朱本第四篇〈爲滎陽公謝端午賜物狀〉，徐本「謝」字在「端午」下，考《文
　苑英華》卷 631 作「端午謝賜物」則朱本誤，徐本是。朱本第 10 篇〈爲安
　平公華州進賀皇躬痊復物狀〉，徐本「安平公」上有「大夫」二字，《文苑
　英華》卷 635 與徐本同。朱本第 19 篇〈爲滎陽公赴梓州在道進賀端午銀狀〉，
　徐本滎「陽」下有「公」字，《文苑英華》卷 640 亦有「公」字。朱本之誤，
　徐本皆已更正。故知朱本原已有「狀」，徐本「狀」或另從《文苑英華》採
　入，字句因有歧異。
18 徐炯〈箋注李義山文集〉凡例中，亦引用朱氏〈新編李義山文集序〉，足證
　徐氏亦曾見此序。余又疑徐氏所見朱氏原本，或無「狀」體。

卷三十九），則汪氏蓋爲朱鶴齡之友。而《四部叢刊・堯峰文鈔》下題：「門人侯官林佶編」，則林佶爲汪琬門人。故疑林佶贈徐氏之「閩本李集」，實爲朱鶴齡之重編本，蓋林氏得之於其師也。

（三）《樊南四六集》五卷一冊　　唐李商隱撰　　清江都秦氏鈔本　清李方赤題籤（《國立中央圖書館善本書目》，第三冊。）

案：朱鶴齡輯本，已混四六文與古文爲一，故名之爲《李義山文集》，徐氏註本題爲《李義山文集箋註》，馮浩云：「余以四六尙居十之八，改標《樊南文集》，稍見當時手編之遺意。」（《樊南文集詳註》發凡）。諸本題名，均無《四六》二字。此本題《樊南四六集》，與諸本異，或秦氏之輯本耶？

（四）《義山文集》六卷　　唐李商隱撰　　清汪全泰校　　嘉慶二十二年淮陰程氏柳衣園刊本　　六冊（《京都大學人文科學研究所漢籍目錄》）

（五）《義山文集》六卷　　六冊　　一夾版　　唐李商隱撰　汪全泰校　　清嘉慶間刻本（《美國國會圖書館中文善本書錄》，見《李商隱傳記資料》之六《李商隱著作國外館藏善本書目》）

（六）《義山文集》六卷　　唐李商隱撰　　清汪全泰輯　　清王有耀齋刊本　　六冊（趙萬里《西諦書目》目三，《書目類編》（43）。）

案：以上三本，皆汪全泰輯校本。美國國會圖書館所藏，應即「嘉慶二十二年淮陰程氏柳衣園刊本」。《西諦書目》著錄之「王有耀齋刊本」，未言年代，不知刻於何時。三本同爲六冊。據

方功惠題跋[19]，此本爲汪劍潭校理《全唐文》錄事，所錄存本，
總三五六首。錢振倫刻《樊南文集補編》時，蓋未見此本也。
今考《樊南文集補編》錢氏自序，謂手錄《全唐文》卷七七
一至七八二所收李義山文，並偕弟分任箋注之役。又謂見阮
文達所撰〈胡書農學士傳〉，乃知從《永樂大典》錄出。然則，
《全唐文》中李商隱文，爲館臣自《永樂大典》輯出[20]。汪劍
潭、錢振倫又分別自《全唐文》錄出，錢氏所錄，爲《樊南
文集補編》，汪氏所錄，即此六卷本。錢本有注。汪本校勘而
已，流傳未廣。

（七）《李義山文集》十二卷　　唐李商隱撰　　清刊《全唐文》
　　本　　二冊　　莫友芝跋（趙萬里《西諦書目》目三，《書
　　目類編》（43）。）

案：《全唐文》卷七七一至七八二，共十二卷，皆義山之文，當即
　　此二冊本。此本似未單行。

（本文刊登於《臺中商專學報》
第 23 期，民國 80 年 6 月。）

---

19 美國國會圖書館藏本卷端護葉，有方氏題跋。見王重民《中國善本書提要》
　　頁 509，明文書局 73 年 11 月。又邵章《四庫簡明標注續錄》云：「嘉慶丁
　　丑（1817）儀徵汪全泰刻《義山文集》6 卷，蓋其父校理《全唐文》時錄存
　　者。刻類編與 唐文同，錢振倫竟未之見何也？」（萬曼《唐集敘錄》頁 287
　　引）。
20 法式善《陶廬雜錄》卷 3 云：「余纂唐文，於《永樂大典》暨各州縣志內探
　　錄，皆世所未見之篇。而纂四庫書時，唐賢各集實未補入，如…李商隱…
　　凡 55 家，全書皆已著錄，而原集漏略，今一一補載。」法氏爲《全唐文》
　　總裁，據其言，《全唐文》中李商隱文，確自《永樂大典》採錄補載也。

李商隱詩註本考

　　義山詩喜用典，詞意迷離，向稱晦澀，非註不能讀也。舊有劉克、張文亮二家註，皆已散佚。元人唯有選本而已。故元好問有「詩家總愛西崑好，獨恨無人作鄭箋」（〈論詩絕句〉）之嘆，蓋惜無人註其詩也。明末釋道源始爲疏釋，厥功至偉，王士禎所謂「千年毛鄭功臣在，猶有彌天釋道安」（〈論詩絕句〉）是也。其後朱鶴齡刪補道源註，爲《李義山詩註》，諸家以之爲藍本，補正闕誤[1]。於是，註本乃較完備，詩可解者遂多，學者稱便焉。

　　義山詩註家，究有幾人？其人生平若何？註本之雕版流傳如何？凡此種種，雖非讀其詩者所必知，然若能彙整考釋，豈無裨益哉？故就目錄載籍，勤加搜羅，分類纂輯，而撰〈李商隱詩註本考〉也。下分宋註本、明註本、清註本、元選本及清校本等四項，加以說解。

壹、宋註本

（一）蔡條《西清詩話》云：「都人劉克該貫典籍，凡人有僻書疑事，往往多從之質。嘗注杜子美、李義山集。」（蔡正孫《詩

---

1 參看《四庫全書總目》卷 151《李義山詩註》提要。

林廣記》前集卷之二引）

（二）朱鶴齡《李義山詩註》凡例云：「《西清詩話》載都人劉克
　　　嘗註杜子美、李義山詩，又《延州筆記》載張文亮有義山
　　　詩註，今皆不傳。」

（三）《四庫全書總目》卷一五一集部別集類四云：「李商隱詩，
　　　舊有劉克、張文亮二家註本，後俱不傳。」（《李義山詩註》
　　　提要）

（四）于敏中《欽定四庫全書簡明目錄》卷十五云：「李商隱詩，
　　　舊有劉克莊、張文亮二註，久已散佚。」（《書目類編》（6））

案：劉克，《宋史》無傳，生平不詳。于氏《簡明目錄》作「劉克
　　莊」。考蔡絛爲蔡京季子，宋徽宗時人，而劉克莊生於孝宗
　　淳熙年間，二人非同時人。且劉克莊爲福建莆田人氏，亦非
　　都人[2]，故于氏誤衍「莊」字。《延州筆記》爲明唐觀撰，共
　　四卷。今未見其書。張文亮即張震，宋、元、明三史俱無傳，
　　不知何時人，姑附於此[3]。

貳、明註本

一、釋道源（石林）《李義山集注》

（一）錢龍惕《大充集》云：「辱示《李義山集注》，典奧辨博，

2　參看《宋史翼》卷40〈蔡絛傳〉，卷29〈劉克莊傳〉。
3　馮浩《玉谿生詩箋註》發凡云：「《延州筆記》所載「《唐音》諸人詩句，張
　文亮註云者，非專註本集也。且寡陋不足言註。」案：《唐音》爲元楊士宏
　編，□張震註（《景印文淵閣四庫全書》1368 冊）。《四庫全書總目》卷 188
　《唐音》提要云：「此本題張震輯註。震字文亮，新淦人。其任履始末及朝
　代先後皆未詳。註極龕陋。明·唐觀《延州筆記》嘗摘其註李商隱咸陽詩『自
　是當時天帝醉』一條。……殆必明人也。」據此，張震必非宋人也。《唐音》
　中所選李商隱詩僅 29 首，散見卷 5、卷 7、卷 13，張氏非註本集也。

鉤深致遠，洵詞林之法寶，後學之慈航也。吾黨之士，有志于此者，間不乏人，皆以畏難而止。吾師獨銳然爲之，積數年之力，以潰于成，欣羨欣羨。憶師之經始此書也，爲丁亥之春。僕與師襆被宿高林庵，風雨對床，話玉溪生詩，中夜不輙（家歆案：疑「輟」字之訛。），退而作箋，考論當時之事，及作詩之指意，以達記室，蓋戊子之夏也。吾師不棄葑菲，節錄注中，若以爲搜討精而議論當者。」（〈復石林長老論注李商隱集書〉）。又云：「歸而訪石林源上人於高林庵，見其取李集一編，隨事夾注其下，旁行逼仄，蚓行蚊腳，幾不可辨。迨而讀之，乃知徵引極博，搜羅甚苦，經史諸書，紛然雜陳于左右，而功猶未及半。」（〈玉谿生詩箋敍〉）[4]

（二）錢謙益《牧齋有學集》卷十五云：「石林長老源公，禪誦餘晷，博涉外典，苦愛李義山詩。以其使事奧博，屬辭瑰譎，捃摭群籍，疏通詮釋。吾家夕公，又通攷《新、舊書》，尙論時事，推見其作爲之指意。累年削稿，出以眎余。余問之曰：『公之論詩，何獨取乎義山也？』公曰：『…吾以爲義山之詩，推原其志義，可以鼓吹少陵。其爲人激昂暴兀，劉司戶、杜司勳之流亞，而無庸以浪子蚩謫。此吾與夕公疏箋之意，願受成於夫子者也。』」（〈注李義山詩集序〉）

（三）朱彝尊《靜志居詩話》云：「石林好讀儒書，嘗類纂子史百家爲《小碎集》。又以餘力註《李義山詩》三卷，其言曰：『詩人論少陵忠君愛國，一飯不忘；而目義山爲浪子，以

4　〈復石林長老論注李商隱集書〉，見鄭滋斌《錢謙益法李商隱詩考述》引，書目季刊23：3，78年12月。〈玉谿生詩箋敍〉見劉學鍇、余恕誠《李商隱詩歌集解》附錄，頁2020-2021。

其綺靡華艷，極玉臺、金樓之體而已。第少陵之志直，其詞危。義山當南北水火，中外箝結，不得不紆曲其指，誕謾其詞，此風人小雅之遺。推原其志義，可以鼓吹少陵。』惜其書未刊行。會吳江朱長孺箋義山詩，多取其說，間駁其非。於是虞山詩家謂長孺陰掠其美，且痛抑之。長孺固長者，未必有心效齊邱子也。」（馮浩《玉谿生詩箋註‧詩話》引）

（四）《四庫全書總目》卷一五一集部別集類四：「明末釋道源始為作註。王士禎論詩絕句所謂『獺祭曾驚博奧殫，一篇〈錦瑟〉解人難。千秋毛鄭功臣在，尚有彌天釋道安』者，即為道源是註作也。然其書徵引雖繁，實冗雜寡要，多不得古人之意。」（《李義山詩註》提要）

案：據上引文，可知：1、道源註本，其名應為《李義山集注》。2、該書經始於丁亥（明神宗萬曆十五年，西元一五八七年）之春也。乙酉（順治二年，西元一六四五年）歲，朱鶴齡箋註義山詩，牧齋取道源遺本畀之[5]，則道源註必成於乙酉之前也。3、道源以義山詩為風人小雅之遺，可以鼓吹少陵，不當以浪子嗤謫，故不畏艱難，獨力作註。耗時既久，費力勤苦，採摭極廣，豈無篳路之功哉？《四庫全書總目》譏其冗雜寡要，未免稍苛。4、錢氏作箋，考論時事，推尋詩旨，成於戊

---

5 錢謙益《牧齋有學集》卷 15 云：「乙酉歲，朱子長孺訂補于杜詩箋輟簡，將有事于義山。余取源師遺本，以畀長孺。長孺先有成稿，歸而錯綜讎勘，綴集异聞，敷陳隱滯。取源師註，擇其善者為之，剗其瑕礫，擥其蕭粮。更數歲而告成。」（朱長孺〈箋註李義山詩序〉）。案：乙酉為順治 2 年，西元 1645 年。其時道源已卒，錢氏藏有遺本。則「丁亥之春」，當為神宗萬曆 15 年之春也。鄭滋斌以「丁亥」為清順治 4 年，與錢氏語齟齬。又朱鶴齡《箋註李義山詩集》凡例云：「余合箋義山詩文，始于丁酉孟冬，成於己亥季春。」丁酉為順治 14 年，西元 1657 年。則乙酉已箋義山詩，丁酉始合箋詩文，己亥（順治 16 年）成書。

子（萬曆十六年，西元一五八八年）仲夏。道源嘗節錄，納諸註中。5、牧齋爲道源友，有其遺本，以授長孺。長孺箋註凡例已言，大加翦薙，錄其當者，似不得訾長孺陰掠其美。

二、錢龍惕《玉谿生詩箋》

（一）《靜嘉堂文庫漢籍分類目錄》集部別集類：「《玉溪生詩箋》（笠澤叢書合綴）三卷　明錢龍惕撰　寫。」

（二）錢龍惕〈玉谿生詩箋敘〉云：「源公謙退，屢以見問。因取《新、舊唐書》並諸家文集小說有關李詩者，或人或事，隨題箋釋于下，疑而無考者闕焉。得上、中、下三卷，以復石林長老。至于全詩之注解，有源公之博識可以任之，非余所敢及也。」（見劉學鍇、余恕誠，《李商隱詩歌集解》，頁 2020-2021。）

案：是書未見刊本，《靜嘉堂文庫》所藏爲寫本，卷數三卷，與錢氏敘言合。戊子春，龍惕訪道源於高林庵，話玉溪生詩，讀道源之註。後爲答道源見問，乃搜羅群籍，尚論時事，成書於戊子仲夏。道源擇要錄之，朱鶴齡亦加採錄[6]。又是書雖成於道源集注之前，然道源作註，實先於錢氏，故列之於次也。

參、清註本

一、朱鶴齡《李義山詩註》

（一）《李義山詩集》三卷　　四冊　　清朱鶴齡箋註　　清順治

---

6 朱鶴齡《箋註李義山詩集》凡例云：「錢夕公龍惕箋與鄙意多合，並爲采入，以公同好。」

　　一六年（一六五九）朱氏猗蘭堂刻本　　附詩譜　　有朱葦
　　批校（無名氏《四川省圖書館藏古籍目錄》，《書目類編》
　　（26）。）

（二）《李義山詩集》三卷補註三卷　　五冊　　唐李商隱撰
　　清朱鶴齡箋註　　清順治己亥（十六年）吳江朱氏刊本
　　清崔左和、何中子各手批（《國立中央圖書館善本書目》，第
　　三冊。）

（三）《李義山詩集》三卷附詩譜一卷諸家詩評一卷　　唐李商隱
　　撰　　清朱鶴齡箋注　　清順治己亥（十六年）金陵葉永茹刊本
　　四冊（《國立故宮博物院善本舊籍總目》）

（四）《李義山詩註》三卷　　清朱鶴齡撰　　葉永茹刊本　　有
　　錢謙益序　　四冊（何澄一《故宮所藏觀海堂書目》，《書目
　　類編》（38）。）

（五）《李義山詩註》三卷補註一卷　　唐李商隱撰　　清朱鶴齡
　　註　　順治己亥刻本　　四庫著錄（甘鵬雲《崇雅堂書錄》，《書
　　目類編》（41）。）

（六）《箋注李義山詩集》三卷　　唐李商隱　　吳江朱鶴齡箋注
　　順治間刊竹紙　　四本一函洋五元（吳引孫《揚州吳氏測海
　　樓藏書目錄》卷五，《書目類編》（37）。）

案：書名有七異稱：1、《箋註李義山詩集》，見朱鶴齡自序，順治
　　間刊竹紙本用此書名。2、《李義山詩集箋注》，見朱鶴齡《愚
　　菴小集》卷十五（《景印文淵閣四庫全書》一三一九冊）。3、
　　《箋註李義山詩》，錢謙益有〈朱長孺箋註李義山詩序〉，在
　　《牧齋有學集》卷十五。4、《李義山詩注》，汪琬有〈跋李
　　義山詩注〉，在《堯峰文鈔》卷三十九。《四庫全書總目》卷
　　一五一集部別集類四作《李義山詩註》。「注」、「註」二字本

互通用。5、「李義山詩集，唐李商隱撰、清朱鶴齡箋註」，諸家刊本多題此名。6、《李義山詩集注》，見《景印文淵閣四庫全書》一○八二冊。《四庫全書總目》刪去「集」字。7、《李商隱義山詩注》，見《清史》卷一四九藝文志四。其中可確認用為書名者，有《箋註李義山詩集》、《李義山詩註》、「李義山詩集，唐李商隱撰、清朱鶴齡箋註」及《李義山詩集注》四種，而以《李義山詩註》簡明易識，最為允當。朱氏箋註李詩，似未自定書名，故紛紜若此。汪琬、《四庫全書總目》俱用《李義山詩註》，且順治間葉永茹刊本已用為書名，故應採用。下考其版本。中央圖書館所藏「吳江朱氏刊本」，似為家刻本（朱鶴齡為吳江人），較諸家刊本多一冊。據朱氏〈箋註李義山詩集序〉，是書成於順治己亥年，即西元一六五九年，為李詩註本，刊行最早者，亦諸家註之藍本。金陵葉永茹本，亦刊於順治己亥，蓋書賈所刻也。四庫著錄，似為此本。又葉氏刊本，書名不同，當嘗二刻也。順治間刊竹紙本，書名又異諸本，為另一刊本。然則，朱氏註本，順治年間，已有四雕版，其書頗為盛行也。又有「與杜集合刻本」[7]，不知刻於何時。蓋即朱氏《杜工部集輯注》，與《李義山詩註》合刻。

(七)《李義山詩註》三卷補註一卷　　國朝朱鶴齡撰　　乾隆己
　　未刻（莫友芝《邵亭知見傳本書目》卷十二，《書目類編》
　　（75）。）（按：己未為乾隆四年。）

(八)《重訂李義山詩集箋註》三卷集外詩一卷附錄一卷　　八冊
　　唐李商隱撰　　清朱鶴齡註　　清乾隆九年汪增寧東柯草

---

7 見莫友芝《邵亭知見傳本書目》卷12，《書目類編》（75）。

　　　　堂刊本　　過錄清錢良擇、何焯批語又張問陶手批（《國立
　　　　中央圖書館善本書目》，第三冊。）

（九）《李義山詩集》三卷附詩譜一卷諸家詩評一卷　　　清朱鶴齡
　　　　箋註　　清乾隆癸丑（五十八年）三多齋重刊本（臺大）（王
　　　　民信《中國歷代詩文別集聯合書目》，第四輯）

（十）《李義山詩集注》三卷附錄一卷詩譜一卷　　　唐李商隱撰
　　　　清朱鶴齡注　　清乾隆間寫《文淵閣四庫全書》本　　　四冊
　　　　（《國立故宮博物院善本舊籍總目》）

（十一）《李義山詩集注》三卷附錄一卷詩譜一卷　　　唐李商隱撰
　　　　清朱鶴齡注　　清乾隆間寫《四庫全書薈要》本　　　四冊
　　　　（《國立故宮博物院善本舊籍總目》）[8]

案：康熙、雍正二朝未見刊本。高宗時雕版較多，有乾隆四年（西
　　元一七三九年）、乾隆九年（西元一七四四年）、乾隆五十八
　　年（西元一七九三年）刊本，並有《四庫全書》寫本、薈要
　　本。乾隆八年另有程夢星刪補重訂本，同治九年又有沈厚塽
　　輯評本，二本梓行後，朱氏原本刊行漸少矣。又《四庫全書》
　　寫本，在《景印文淵閣四庫全書》一〇八二冊。又中央圖書
　　館所藏八冊本，似為朱氏刊本冊數最多者。

（十二）《李義山詩集》三卷　　　唐李商隱　　　吳江朱鶴齡箋注
　　　　五色批本同治庚午廣州刊本白紙　　　四本一函洋八元（吳
　　　　引孫《揚州吳氏測海樓藏書目錄》卷五，《書目類編》（37）。）

（十三）《李義山詩集》三卷卷首一卷　　　唐李商隱撰　　　清朱鶴
　　　　齡箋註　　同治庚午廣州套印本（王重民《博野蔣氏寄存
　　　　書目》卷四，《書目類編》（39）。）

8　《叢書子目類編》集部別集類作《摛藻堂四庫全書薈要》。

（十四）《李義山詩集》三卷附一卷首一卷　　唐李商隱撰　　清

朱鶴齡注　　清同治九刊（朱墨套印）（《靜嘉堂文庫漢籍

分類目錄》）

（十五）《李義山詩集注》三卷詩譜一卷　　唐河內李商隱　　清

吳江朱鶴齡　　同治廣東朱墨本　　丁書　　四冊（《江蘇

省立國學圖書館現存書》卷十一）

案：同治九年，即西元一八七○年。諸家著錄，詳略有別，而書

名、年代皆同，又多刊於廣州，爲朱墨二色套印本，似爲同

一版本也。

（十六）《李義山詩集》三卷　　唐李商隱撰　　明朱鶴齡註

清刊本　　六冊　　失名過錄朱彝尊評點（趙萬里《西諦

書目》目三，《書目類編》（43）。）

案：此本不見他家書目。不知刊於何時。冊數六冊，亦異於他本。

註者標爲「明朱鶴齡」，以朱氏爲明人，似爲早期刊本。又

案：綜上所錄，可知：1、朱書異稱頗多，而以《李義山詩

註》最佳。2、朱本初刻於順治十六年，二刻於乾隆時，三

刻於同治九年。有清一代，僅此三刻。3、冊數以四冊居多，

另有八冊本、六冊本、五冊本。蓋諸家所刻，附錄或多或少，

或有補註、詩譜、詩評，卷數既增，冊數必多。4、雕版可

考者，有「吳江朱氏」、「金陵葉永茹」、「汪增寧東柯草堂」、

「三多齋」四處而已，餘則未易知也。朱本刊刻大略如是也。

（十七）朱鶴齡〈箋註李義山詩集序〉云：「申酉（案：甲申、乙

酉也。）之歲，予箋註杜詩于牧齋先生之紅豆莊。既卒業，

先生謂予曰：『玉溪生詩，沈博絕麗，王介甫稱爲善學老杜，

惜從前未有爲之注者。元遺山云：「詩家總愛西崑好，只恨

無人作鄭箋。」子何不併成之，以嘉惠來學？』予因繙蠡

《新、舊唐書》本傳，以及箋、啓、序、狀諸作，所載于《英華》、《文粹》者，反覆參考，乃喟然嘆曰：『…唐至太和以後，閹人暴橫，黨禍蔓延。義山阨塞當塗，沈淪記室，其身危，則顯言不可而曲言之；其思苦，則莊語不可而謾語之。計莫若瑤臺璚宇、歌筵舞榭之間，言之者可無罪，而聞之者足以動。其梓州吟云：「楚雨含情俱有託。」早已自下箋解矣。吾故曰：義山之詩，乃風人之緒音，屈宋之遺響，蓋得子美之深而變出之者也。豈徒以徵事奧博，擷采妍華，與飛卿、柯古爭霸一時哉！…』」

（十八）錢謙益〈朱長孺箋註李義山詩序〉云：「乙酉歲，朱子長孺訂補于杜詩箋輟簡，將有事于義山。余取源師遺本，以畀長孺。長孺先有成稿，歸而錯綜讎勘，綴集异聞，敷陳隱滯。取源師註，擇其善者爲之，剟其瑕礫，搴其蕭稂，更數歲而告成，于是義山一家之書粲肰矣。」（《牧齋有學集》卷十五）[9]

（十九）汪琬〈跋李義山詩注〉云：「常熟釋道源解義山詩，未竟而歿。吳江朱子長孺作箋注，頗采用之。而錢夕公、馮定遠及陳氏、潘氏諸說亦附焉，未嘗揜沒其姓氏，雖於道源亦然。長孺示予道源注，原本頗多蕪累，且間有所遺漏。長孺翦劈裒益，不啻十之六七，其用意良亦勤矣。…長孺每爲予言，道源所引釋氏書最稱灝博，非得此注，某書亦不能就也。蓋其通懷樂善如此，而忌者尤呶呶焉。」（《堯峰文鈔》卷三十九）

（二十）《四庫全書總目》卷一五一集部別集類四云：「鶴齡刪取

---

9 參看註 5。

其（案：道源註。）什一，補輯其什九，以成此註。後來註商隱集者，如程夢星、姚培謙、馮浩諸家，大抵以鶴齡爲藍本，而補正其闕誤。…至謂其詩寄託深微，多寓忠憤，不同於溫庭筠、段成式綺靡香艷之詞，則所見特深，爲從來論者所未及。惟所作年譜於商隱出處及時事，頗有疏漏，故多爲馮浩注本所糾。…然大旨在於通所可知，而闕所不知，絕不牽合《新、舊唐書》，務爲穿鑿。其摧陷廓清之功，固超出諸家之上矣。」（《李義山詩註》提要）

案：鶴齡箋註義山詩，肇因於牧齋之語也。道源註爲未竟之稿，牧齋以遺鶴齡。鶴齡擇善棄瑕，刪補頗多，不妄穿鑿，疑則闕之，審慎可取，故爲諸家藍本也。年譜疏漏，爲其闕失，馮氏糾彈焉。鶴齡又以爲義山曲言謾語，有託而爲，不同於香艷之詞。爲義山辨冤雪誣，抉幽剔隱，實義山之功臣也。《清史》列傳二六五儒林一載其著有《愚庵詩文集》，撰有《易廣義略》、《尙書埤傳》、《詩經通義》、《春秋集說》、《讀左日鈔》、《禹貢長箋》，幾遍及群經。蓋不徒文章之士，亦醇然儒者也。

二、程夢星《重訂李義山詩集箋註》

（一）《重訂李義山詩集》三卷集外詩一卷附詩話一卷年譜一卷　四冊　唐李商隱撰　清朱鶴齡箋注　程夢星刪補　清乾隆癸亥（八年）江都程氏家刊本（《國立故宮博物院普通舊籍目錄》）

（二）《重訂李義山詩集箋注》三卷外集一卷詩話一卷年譜一卷　唐李商隱撰　清朱鶴齡箋注　程夢星刪補　清乾隆八年江都程氏刊本　四冊（《國立故宮博物院善本舊籍總

目》）

（三）《重訂李義山詩集箋注》三卷集外詩箋注一卷^{清朱鶴齡撰
程夢星刪補}　年譜
　　　一卷詩話一卷　　清程夢星輯　　清乾隆八年汪增寧今有
　　　堂刻本　　方世舉批校　　四冊（無名氏《北京圖書館善
　　　本書目》，《書目類編》（20）。）

（四）《重訂李義山詩集箋註》三卷卷首年譜一卷附集外詩箋註一
　　　卷　　清朱鶴齡箋註　　清程夢星刪補並輯年譜　　清
　　　乾隆八年東柯草堂校刊本（臺大）（王民信《中國歷代詩文
　　　別集聯合書目》，第四輯）

案：程本為刪補朱鶴齡註，故列之朱本後。乾隆八年鏤版，有江
　　都程氏家刊本、汪增寧今有堂刻本、汪增寧東柯草堂校刊
　　本，凡三刻。各本多有集外詩箋註、年譜及詩話，皆一卷。
　　東柯草堂校刊本或無「詩話」二字。

（五）《李義山詩集箋註》三卷　　唐李商隱撰　　清朱鶴齡註程
　　　夢星刪補附年譜一卷詩話一卷　　乾隆甲子刻本（甘鵬雲
　　　《崇雅堂書錄》十一，《書目類編》（41）。）

（六）《重訂李義山詩集箋註》三卷卷首年譜一卷附集外詩箋註一
　　　卷　　清朱鶴齡箋註　　清程夢星刪補並輯年譜　　清乾
　　　隆九年刊本（臺大）（王民信《中國歷代詩文別集聯合書
　　　目》，第四輯）

案：乾隆甲子（九年）刻本，書名無「重訂」二字，異於諸本。
　　不知刻於何處。廣文書局六十一年五月，印行《李義山詩集
　　箋注》，蓋用此本。然廣文本內頁題「重訂李義山詩集箋註」，
　　又《京都大學人文科學研究所漢籍目錄》著錄為「廣文書局
　　用乾隆八年九年刊本景印」，則此本似即汪增寧東柯草堂校
　　刊本。臺大所藏乾隆九年刊本，書名、卷數同於乾隆八年東

柯草堂校刊本，當即該本重刊也。

（七）《重訂李義山詩箋注》三卷集外詩箋注一卷　　清朱鶴齡原
　　本　　清程夢星刪補　　乾隆八年九年江都汪氏東柯草堂
　　刊十一年重校刊本（《東京大學東洋文化研究所漢籍分類目
　　錄》）

（八）《重訂李義山詩集箋注》三卷集外詩箋注一卷附年譜一卷
　　清朱鶴齡原本　　清程夢星刪補併撰年譜　　乾隆八年九
　　年江都汪氏東柯草堂刊十一年重校本（《京都大學人文科學
　　研究所漢籍目錄》）

案：此二本同為乾隆十一年東柯草堂重校本，中土書目未見著錄。
　　又靜嘉堂文庫所藏清刊本，或即為此本也。

（九）《李義山詩集箋註》三卷附年譜　　四冊　　清朱鶴齡元本
　　程夢星刪補　　清同治蘇州東柯草堂刊本（無名氏《四川
　　省圖書館藏古籍目錄》，《書目類編》（26）。）

（十）《重訂李義山詩集箋注》三卷集外詩箋註一卷　　明朱鶴齡
　　撰　　清程夢星刪補　　清刊本　　三冊（趙萬里《西諦
　　書目》，《書目類編》（43）。）

案：汪增寧東柯草堂所校，已有乾隆八年、九年、十一年刊本，
　　復有同治刻本，傳刻最廣。西諦書目所載「清刊本」，應為
　　東柯草堂本。然此本多為四冊，未見三冊本，豈有殘闕歟？

（十一）方世舉云：「南歸舟過揚州，表弟程編修午橋留箋注《李
　　義山集》。」（《蘭叢詩話》）

（十二）汪增寧云：「譬諸經傳，長孺注則漢儒之箋疏名物也，太
　　史注則宋儒之闡發理蘊也。近日注玉溪詩者，大江南北疊
　　有新刊，恐無能出太史右矣。」（《重訂李義山詩集箋注序》）

（十三）厲鶚云：「程浙江先生瘁十年之精思，既為之補注。又抉

　　　摘穿穴，疏通證明，使義山之情事，畢呈於楮墨，其爲功
　　　於義山匪淺矣。」(〈重訂李義山詩集箋注序〉)

(十四)程夢星云：「是書采錄，始於康熙癸巳，迨乙未放歸田里，
　　　益事探討，粗得梗概。本意藏諸篋笥，非敢出而問世。同
　　　邑汪澹人從晉一見擊節，商付梓氏，未幾澹人歸道山，遂寢
　　　其事。乾隆癸亥冬，澹人仲子友于增寧欲繼先人之志，即爲
　　　開雕。友于能讀父書，克紹前修，良足多云。」(《重訂李
　　　義山詩集箋注》凡例)

案：方世舉爲程夢星表哥，亦曾與箋注之役，故汪增寧今有堂刻
　　本，有方世舉批校之語也。程夢星亦云：「箋則扶南商榷之
　　意居多。」[10]。汪氏謂南北新刊無能勝午橋，厲氏謂爲功義
　　山匪淺，皆推崇備至矣。又據程氏語，知是書創始於康熙癸
　　巳(五十二年，西元一七一三年)，開雕於乾隆癸亥(八年，
　　西元一七四三年)冬(十一月)，次年七月始成(見〈汪增
　　寧序〉)，成書艱難也。

三、沈厚塽《李義山詩集輯評》

(一)《李義山詩集》三卷附目錄一卷　　二冊　　清朱鶴齡箋註
　　　沈厚塽輯評　　清同治九年(一八七〇)粵東羊城萃文堂
　　　刻本三色套印(無名氏《四川省圖書館藏古籍目錄》，《書
　　　目類編》(26)。)

(二)《李義山詩集》三卷附諸家詩評一卷詩譜一卷　　唐李商隱
　　　撰　　清朱鶴齡箋注　　沈厚塽輯評　　清同治九年廣州

---

10 見《重訂李義山詩集箋注》凡例。「扶南」爲方世舉字。又宋隆發《中國歷
　代詩話總目彙編》云：「方氏嘗撰《李義山詩集箋註》，假中表兄弟之名刊
　行。」(書目季刊 16:4，71 年 12 月)。不知然否。

　　　倅署刊三色套印本　　　四冊(《國立故宮博物院善本舊籍總
　　　目》)

(三)《李義山詩集》三卷　　　唐李商隱撰　　　清朱鶴齡箋注
　　　清沈厚塽輯評　　　同治九年廣州倅署刊本(《京都大學人文
　　　科學研究所漢籍目錄》)

(四)《李義山詩集》輯評三卷附詩譜一卷　　　清朱鶴齡箋註
　　　沈厚塽輯評　　　清同治九年廣州倅署刊本(《中央研究院歷
　　　史語言研究所普通本線裝書目》)

(五)《李義山詩集輯評》三卷　　　清沈厚塽輯評　　　同治庚午廣
　　　州刊本　　　四冊(何澄一《故宮所藏觀海堂書目》,《書目
　　　類編》(38)。)

(六)《李義山詩集箋註》三卷　　　明朱鶴齡撰　　　清沈厚塽輯
　　　清同治九年刊三色套印本　　　四冊(趙萬里《西諦書目》
　　　目三,《書目類編》(43)。)

案：沈氏輯評,成書較晚,然亦用朱本爲底本,故列於此。前三
　　書書名均無「輯評」,後二書則作《李義山詩集輯評》,易於
　　辨明,較佳。諸書皆刊於同治庚午(九年,西元一八七〇年),
　　並爲廣州萃文堂(或作倅署)刊本,故雖著錄詳略有別,實
　　皆爲同本也。學生書局五十六年五月,景印此本。而所謂「三
　　色套印」,蓋三家評語用色各異,「何焯評用硃筆,朱彝尊評
　　用墨筆,紀昀評用藍筆」[11]是也。又王鐵麟論三家評語云：「其
　　中獨以朱氏一家持論較爲平實公允。…何評因受明人評點派
　　的陋習殊深,語多不痛不癢,無關宏旨。…紀昀的評語則別

11　見萬曼《唐集敘錄》頁 287。案：何焯《義門讀書記》中有《義山詩評》2
　　卷。又甘鵬雲《崇雅堂書錄》11 有「三色評本《李義山詩集》3 卷」,爲「同
　　治庚午方功惠刻三色套印本」,當亦爲此本也。

　　出心裁，對商隱其人其詩多詆毀貶辱語。」[12]，可參考。

（七）《李義山詩集》三卷附目錄一卷　　清朱鶴齡箋註　　沈厚
　　　塽輯評　　四冊　　清光緒成都崇義堂翻刻廣州本（無名
　　　氏《四川省圖書館藏古籍目錄》，《書目類編》(26)。）

案：此本應爲四川書賈翻刻廣州萃文堂三色套印本。沈氏輯評，
　　僅有萃文堂刊本也。

四、吳喬《西崑發微》

（一）《西崑發微》三卷　　清吳喬撰　　《借月山房彙鈔》（嘉
　　　慶本、景嘉慶本）第十六集　　《適園叢書》第七集　　《叢
　　　書集成初編》、文學類（《叢書子目類編》集部別集類）

（二）《西崑發微》三卷　　清吳喬　　江蘇巡撫採進本（《四庫
　　　全書總目》卷一七四集部別集類存目一）

案：吳喬〈西崑發微序〉云：「注釋事實，則全取朱長孺本云。甲
　　子夏日吳喬序。」吳氏但云「甲子」，未言年號。考順治十
　　一年（西元一六五四年）爲甲子年，康熙五十三年（西元一
　　七一四年）亦爲甲子年，必爲兩者之一。朱鶴齡《愚菴小集》
　　卷七，有〈西崑發微序〉。若吳氏書成於康熙甲子，鶴齡當
　　已卒，不及見也，焉能作序[13]。故吳氏序應作於順治十一年
　　夏日也。然朱鶴齡註本，刊於順治十六年，則吳書注釋豈可
　　全取朱本，是又疑而難明也。豈順治十一年前，朱本已曾鏤
　　版，抑吳氏所見爲寫本歟？又魏裔介《兼濟堂文集》卷六，
　　亦有〈李義山無題詩新註序〉。《四庫全書總目》卷三十二經

12　見王鐵麟《李商隱詩注版本舉隅》，《中國歷代文獻研究集刊》第3集，頁269，
　　72年2月。
13　《清史》卷479儒林一謂鶴齡爲明諸生，年70餘卒。若卒於康熙53年時，
　　則鼎革之際，尚不足十歲，不得爲「諸生」，故知康熙甲子時必已卒矣。

部孝經類魏裔介《孝經註義》提要云：「順治丙戌進士，官
至保和殿大學士。乾隆元年，追諡文毅。」丙戌爲順治三年，
康熙五十三年時，魏氏恐已卒矣，不及爲序也。故此「甲子」，
必爲順治十一年也。《四庫全書》開館時，江蘇巡撫已採進，
則乾隆時似已有刻本。《借月山房彙鈔》，則爲嘉慶本。廣文
書局六十二年九月，景印中央圖書館藏本，較易購得。

（三）吳喬〈西崑發微序〉云：「義山少年受知於楚，而復受王、
　　　鄭之辟，綯以爲恨。及其作相，唯宴接款洽以侮弄之，不
　　　加擢拔。義山心知見疏，而冀幸萬一，故有无題諸作。…
　　　今於本集中抽取无題詩一十六篇爲上卷，與令狐二世及當
　　　時往還者爲中卷，疑似之詩爲下卷。詳說其意，聊命名曰
　　　《西崑發微》。」

（四）魏裔介〈李義山無題詩新註序〉云：「修齡吳子自爲詩，既
　　　奇變幽細，而於唐人中尤酷愛李義山，嘗註義山無題詩。
　　　慨然曰：『義山抱用世之才，適際唐運之衰，非宰相援引，
　　　則無由進。而令狐氏齗齗自私，無開誠布公之見，此明珠
　　　之所以汨，而江蘺之所以詠也。世概以艷詩目之，不探厥
　　　本指，謬哉！』」（《兼濟堂文集》卷六）

（五）朱鶴齡〈西崑發微序〉云：「往虞山馮子定遠嘗語余，義山
　　　無題詩皆寄思君臣遇合，其說蓋出於楊孟載。今得修齡解，
　　　益可與定遠相證明，足埤益余箋注所未逮，修齡真曉人
　　　哉！」（《愚菴小集》卷七）

（六）錢泳《履園叢話》八云：「吳喬又名殳，字修齡，崑山人。
　　　高才博學，尤工于詩。王阮亭嘗稱之曰：『善學西崑。』陳
　　　其年贈詩亦有『最愛玉峰禪老子，力追艷體鬥西崑』之句。
　　　然觀其語必沈雄，情多感激，正不僅以妝金抹粉，步趨楊、

劉諸公而已。所著詩名《舒拂集》。」[14]

案：吳喬以爲義山無題諸首，胥爲令狐綯而作，故取十六篇註之，探其本旨。其書初名似爲《李義山無題詩新註》，魏裔介有序，後自定名爲《西崑發微》，頗貽提要之譏。考無題詩，義山獨創，人多視爲言戀情，紛紛蠡測本事。而楊孟載、馮定遠及吳修齡諸家，牽合人事，附會比興，絲盡淚乾，綵鳳靈犀，皆有寄託，則味同嚼蠟矣。後馮浩箋詩，亦就此立論，皆嫌穿鑿。義山復生，當啞然大笑。

五、陸崑曾《李義山詩解》

（一）馮浩《玉谿生詩箋註》發凡：「又陸圃玉崑曾有專解七律刊本。」

（二）《李義山詩解》不分卷　　清陸崑曾撰　　清雍正刊本二冊（趙萬里《西諦書目》目三，《書目類編》（43）。）

案：陸崑曾〈李義山詩解序〉，撰於雍正二年（西元一七二四年）九月望日。本書凡例亦云：「是編始於康熙癸巳，成於雍正甲辰。」康熙癸巳，爲康熙五十二年，西元一七一三年。雍正甲辰，即雍正二年。故當刊於雍正二年也。而學海出版社「出版說明」云：「原書刊行于雍正四年（一七二六）。」豈另有所據乎？是書上海書店七十四年十二月出版，學海出版社七十五年八月出版。

（三）陸崑曾〈李義山詩解序〉云：「其事跡典故，備悉前輩朱長孺箋。余惟於虛處、活處發明作者之意，計七言近體詩百

---

14 《兼濟堂文集》，見《景印文淵閣四庫全書》1312 冊。《愚菴小集》，見《景印文淵閣四庫全書》1319 冊。《履園叢話》，見文海出版社《近代中國史料叢刊續編》第 82 輯。

一十七篇。」

（四）陸崑曾《李義山詩解》凡例云：「惟七律直可與杜齊驅，其
　　　變化處乃神似，非形似也。昔人解杜詩，多以七律專行，
　　　余於是編，不及別體，正以表義山所長耳。」

案：陸氏蓋以義山七律神似老杜，故取一一七篇，箋解其義，而
　　撰是書也。又案：義山七律，善學少陵，前人已有論之者，
　　如：管世銘云：「善學少陵七言律者，終唐之世，惟李義山
　　一人。胎息在神骨之間，不在形貌，蜀中離席一篇，轉非其
　　至也。」（〈讀雪山房唐詩序例〉）。又如：施補華云：「義山
　　七律，得於少陵者深，故穠麗之中，時帶沈鬱。如〈重有感〉、
　　〈籌筆驛〉等篇，氣足神完，直登其堂，入其室矣。」（《峴
　　傭說詩》）。皆各有所見也。

六、章有大（書名不詳）

（一）杭世駿云：「吳興章進士有大，嘗注玉谿生詩，每能鑽味於
　　　愚菴之外。在棘院中，曾以草稿示余，余亦獻疑一二。」
　　　（《榕城詩話》）

案：此書未見刊本。《四庫全書總目》卷一九七集部詩文評類存目
　　云：「是書（案：指《榕城詩話》。）乃雍正壬子，世駿以舉
　　人充福建同考官所作，故以榕城爲名。」（《榕城詩話》提要）。
　　壬子，爲雍正十年。是年杭氏於福建貢院中，見章氏詩註草
　　稿，故知章氏書成於雍正壬子前後也。

七、姚培謙《李義山詩集箋註》

（一）《李義山詩集》十六卷　　四冊　　唐李商隱撰　　清姚培
　　　謙箋注　　清乾隆己未（四年）華亭姚氏松桂讀書堂原刊本

　　　　（《國立故宮博物院普通舊籍目錄》）

（二）《姚培謙註李義山詩》十六卷　　乾隆己未刻（莫友芝《邵
　　　亭知見傳本書目》卷十二，《書目類編》（75）。）

（三）《李義山詩集箋注》十六卷　　唐李商隱撰　　清姚培謙箋
　　　注　　清乾隆四年華亭姚氏松桂讀書堂原刊本　　四冊
　　　（《國立故宮博物院善本舊籍總目》）

（四）《李義山詩集箋注》十六卷　　唐李商隱撰　　清姚培謙箋
　　　注　　清乾隆四年華亭姚氏松桂讀書堂原刊本　　六冊
　　　（《國立故宮博物院善本舊籍總目》）

（五）《李義山詩集注》十六卷　　六冊　　唐李商隱撰　　清姚
　　　培謙註　　清乾隆四年刊本（《中央研究院歷史語言研究所
　　　普通本線裝書目》）

（六）《李義山詩集》十六卷存疑一卷　　唐李商隱撰　　清姚培
　　　謙箋　　乾隆四年序華亭姚氏松桂讀書堂刊本（《東京大學
　　　東洋文化研究所漢籍分類目錄》）

案：以上皆乾隆四年，華亭姚氏松桂讀書堂原刊本。書名略有不
　　同，以《李義山詩集箋註》為是，黃叔琳序、姚氏例言，俱
　　用此名。諸本卷數相同，冊數有四冊、六冊，蓋原刊時，已
　　有二種也。黃叔琳〈李義山詩集箋註序〉，作於乾隆己未秋，
　　蓋書成於是年，隨即梓行也。

（七）《李義山詩集箋註》十六卷　　唐李商隱撰　　清姚培謙註
　　　　乾隆庚申松桂讀書堂刻本（甘鵬雲《崇雅堂書錄》十一，《書
　　　目類編》（41）。）

案：庚申，為乾隆五年，西元一七四〇年。是書初刻於乾隆四年，
　　蓋次年復有刻本也，則銷行必多矣。

（八）《箋注李義山詩集》十六卷　　唐李商隱　　華亭姚培謙箋

乾隆年刊本竹紙　　四本一函洋十六元（吳引孫《揚州吳氏測海樓藏書目錄》，《書目類編》（37）。）

（九）《箋注李義山詩集》十卷　　唐李商隱　　姚培謙箋　　乾隆年原刊竹紙紙初印寬大（吳引孫《揚州吳氏測海樓藏書目錄》，《書目類編》（37）。）

（十）《李義山詩集箋註》十六卷　　清姚培謙撰　　清乾隆松桂讀書堂刊本　　六冊（趙萬里《西諦書目》，《書目類編》（43）。）

（十一）《李義山詩集箋註》十六卷　　唐河內李商隱　　清華亭姚培謙　　乾隆松桂讀書堂刊本　　丁書　　善乙　　四冊（《江蘇省立國學圖書館現存書》卷十一）

案：以上三本，皆刊於乾隆年間，當即為乾隆四年刊本也。測海樓所藏，有十卷本，不見他家著錄。吳氏謂「初印寬大」，豈初印之本為十卷歟？後刻始為十六卷耶？又藏海樓二書，書名亦異於他本，豈初刻所用之名歟？別無佐證，姑誌疑於此。

（十二）《李義山詩集註》十六卷　　國朝姚培謙撰　　松桂讀書堂刊本（丁仁《八千卷樓書目》）

（十三）《李義山詩集》十六卷　　華亭姚培謙箋　　松桂讀書堂本　　全書硃墨批校　　有古越藏書樓圖記　　會稽徐樹蘭印記　　八冊（粹芬閣主人《粹芬閣珍藏善本書目》，《書目類編》（39）。）

（十四）《李義山詩箋註》十六卷　　清姚培謙撰　　松桂讀書堂刊本　　四冊（何澄一《故宮所藏觀海堂書目》，《書目類編》（38）。）

案：以上三本，皆未載年月。考乾隆四年所刻，有四冊、六冊，

而粹芬閣珍藏爲八冊本，源流難明也。又「松桂讀書堂」爲姚氏讀書之所，姚氏著有《松桂讀書堂集》八卷[15]。

（十五）《李義山詩集箋註》三卷　　四冊　　清姚培謙箋　民國七年（一九一八）上海中華書局影印松桂讀書堂本（無名氏《四川省圖書館藏古籍目錄》，《書目類編》（26）。）

案：自民國七年，中華書局影印刊行後，未見有出版者。而中華書局影印本，今亦不可得見。

（十六）《李義山詩文集》　　詩集一六卷文集一〇卷　　唐李商隱撰（詩）清姚培謙箋（文）徐樹穀箋徐炯注　　清康熙四七年序刊（詩）　乾隆四年序刊　　八冊（《內閣文庫漢籍分類目錄》）

案：是本爲詩集、文集合刊本，當刊於乾隆時，他家未著錄。其冊數爲八冊。內閣文庫另殘存《李義山文集》四冊，則知詩集、文集各四冊。

（十七）黃叔琳〈李義山詩集箋註序〉云：「雲間姚平山氏，熟觀朱注，惜其未備也，乃更爲之箋注。援引出處，大半仍朱。至於逐首之後，必加梳櫛，脈理分明，精神開發，讀之覺作者之用心湧現楮上，洵乎能補石林、長孺之所未備也。」

（十八）姚培謙《李義山詩集箋註》例言云：「往有《義山七律會意》一刻，友人惜其未備，因成此書，并取會意覆勘，十易二三，期於無遺憾而止，顧未能也。」

（十九）林昌彝云：「余極喜李義山詩，非愛其用事繁縟。蓋其詩外有詩，寓意深而託興遠，其隱奧幽艷於詩家別開一洞天，非時賢所能摸索也。雲間姚平山培謙箋註頗稱善本，蓋能知

---

15 見《四庫全書總目》卷 185 集部別集類存目 12。

作者之意於言外，可謂義山功臣。」（《射鷹樓詩話》卷三）

（二十）潘景鄭〈校本李義山詩集跋〉云：「此校本義山詩註，爲
　　　華亭姚培謙箋本，醉經樓馬氏所藏。馬氏名泰榮，字秋濤，
　　　事跡未詳，所錄前賢校語凡十家。五色絢爛，眉間書寫殆
　　　遍，十家者朱竹垞、楊致軒、許酉峰、張介世、陳帆、何
　　　義門、田簣山、程午橋、錢木庵、徐堪園諸先生是也。竹
　　　垞、義門兩家評語，已有刊本。外此八家，未見著錄，亦
　　　以見前賢致力義山者頗多，非予一人所能阿好也。」（《著
　　　硯樓書跋》，《書目類編》（77）。）[16]

案：姚培謙，字平山，江蘇華亭人。故或稱「華亭姚培謙」，或稱
　　「姚平山」。由黃序，知姚氏重在疏通辭義，註則多採朱氏。
　　林氏推崇姚書爲善本，姚氏爲義山功臣，多贊許之語。姚氏
　　例言，謂刻有《義山七律會意》，今未見傳本。馬氏以姚箋
　　爲底本，過錄前賢校語，潘氏爰付重裝，今亦未見其書。又
　　午橋爲程夢星字，其書已有刊本，見前。

八、屈復《玉谿生詩意》

（一）《玉溪生詩意》八卷　　　清屈復撰　　　乾隆四年自序刊本
　　　（《京都大學人文科學研究所漢籍目錄》）

案：屈氏自序，作於乾隆四年十二月，書開雕於此年。又萬曼謂
　　爲《揚州芝古堂精刊本》[17]。

（二）《玉谿生詩意》八卷　　　五冊　　　清屈悔翁箋註　　　清道光
　　　一〇年（一八三〇）劉傳經堂重刻本（無名氏《四川省圖

16　《制言》半月刊 33 期，26 年 1 月，有潘承弼〈書校本李義山詩集後〉，與
　　此文全同。潘承弼即潘景鄭。
17　見萬曼《唐集敘錄》頁 287。魏樹德序亦云：「鋟版廣陵。」

書館藏古籍目錄》，書目類編》（26）。）

（三）《玉溪生詩意》八卷附錄一卷　　清屈復撰　　道光十年蒲
　　　城屈氏刊同治六年劉氏傳經堂印本(《東京大學東洋文化研
　　　究所漢籍分類目錄》)

（四）《玉溪生詩意》八卷　　唐李商隱撰　　清屈復箋註　　清
　　　道光十年刊本　　四冊（趙萬里《西諦書目》目三,《書目
　　　類編》（43）。）

案：據此，道光十年，有蒲城屈氏刊本[18]、劉氏傳經堂重刻本。
　　同治六年，又有劉氏傳經堂印本。然則，此書初刻於乾隆四
　　年，再刻於道光十年，三刻於同治六年，凡三刻。《西諦書
　　目》所錄，不知何人所刻。

（五）《玉谿生詩意》　　六冊　　民國六年（一九一七）上海會
　　　文堂書局石印本(無名氏《四川省圖書館藏古籍目錄》,《書
　　　目類編》（26）。）

（六）《玉溪生詩意》八卷　　清屈復撰　　民國六十三年臺北正
　　　大印書館用乾隆四年自序刊本景印(《京都大學人文科學研
　　　究所漢籍目錄》)

案：正大印書館係用道光十年屈氏來孫重梓本影印,《京都大學人
　　文科學研究所漢籍目錄》登錄錯誤。正大印書館景印本已絕
　　版，而各圖書館多有收藏，甚易尋也。

（七）屈復〈玉谿生詩意序〉云：「今其全集有註無解，予茲勉焉，
　　　閱兩旬而畢。其間賓客之過從，衣食之交迫，暇少而愁多，
　　　其詳且盡也，愧專功矣。」

---

18 道光 10 年，魏樹德序云：「徵君之裔孫仲度明經汝駱命工就其家鈔，錄付剞
　　劂氏，以予司校讐之役。」則此本爲屈氏來孫汝駱重梓也。又魏樹德僅參
　　校首卷而已。

（八）屈復《玉谿生詩意》凡例云：「玉谿詩用事最多最妙，必不
　　　可以無註。朱氏註出，真爲此公功臣。予謂尤不可以無解，
　　　無解亦不能盡知其妙。此《玉溪生詩意》所以作也。舊註
　　　錄前，僭解居後，不敢攘取昔人之苦功也。」

（九）魏樹德〈玉谿生詩意序〉云：「吾鄉屈晦翁徵君《玉溪生詩
　　　意》一編，分古今體，釐爲八卷。用司馬貞《史記索隱》
　　　之例，刪繁就簡，錄朱注於詩後，又自爲補注。復逐篇分
　　　段爲之詮解，閱二十日而書成。乾隆初，鋟版廣陵。」

案：晦翁善詩，嘗授詩於京師。渠以爲義山詩有註無解，難盡知
　　其妙，故撰是書也。然成書匆促，前後二十日而已。或寥寥
　　數語，或分言段旨，第撮大要，於詩中疑難，無暇疏解也。

九、紀昀《玉谿生詩說》

（一）《玉谿生詩說》（《槐廬叢書》第四七、四八冊）二卷　　清
　　　紀昀撰（《靜嘉堂文庫漢籍分類目錄》）

（二）《李義山詩集》三卷　　（唐）李商隱撰　　（清）紀昀點
　　　論　　《鏡煙堂十種》（《叢書子目類編》）

（三）《玉谿生詩說》二卷　　二冊　　清紀昀編　　民國十八年
　　　（一九二九）成都陳玉長美學林排印本（無名氏《四川省
　　　圖書館藏古籍目錄》，《書目類編》（26）。）

案：紀昀《玉谿生詩說》自序，作於乾隆庚午十一月。庚午爲乾
　　隆十五年，西元一七五〇年。而馮浩〈玉谿生詩箋註序〉，
　　作於乾隆二十八年。故知紀氏成書較早，當列於馮書之前
　　也。又朱記榮〈校刊玉谿生詩說序〉[19]，作於光緒十四年秋

---

19 見劉學鍇、余恕誠《李商隱詩歌集解》附錄。

八月。朱氏云：「以商閔君頤生，慨許助成，遂得以付梓。」則光緒十四年已有刻本單行，然未見著錄。長美學林排印本，今不可得見矣。

（四）紀昀《玉谿生詩說》自序云：「意主說詩，不專箋注，故題曰《玉谿生詩說》。又以朱氏一序冠之篇首，俾讀者知義山之宗旨，亦有以見此書之宗旨焉。」

（五）朱記榮〈校刊玉谿生詩說序〉云：「上卷皆入選之詩，下卷為或問，以明取裁之義。舉全集諸題，或取或不取，皆有說以處之，非若他選家，但論入選者之佳，而不入選者一切置之不論不議者比，洵可謂獨闢說詩之門徑者矣。」

（六）朱庭珍云：「紀文達公最精於論詩，所批評如杜詩、蘇詩、李義山、陳後山、黃山谷五家詩集，及《才調集》、《瀛奎律髓》諸選本，剖晰毫芒，洞鑒古人得失，精語名論，觸筆紛披，大有功於詩教，尤大有益於初學。」（《筱園詩話》卷一）

案：紀氏精於論詩，是書即以說詩為主。去取之義，見於「或問」。沈厚塽《李義山詩集輯評》已輯入，用藍筆套印。而朱氏謂沈輯與此本，頗有出入，蓋是書為後定之本，沈氏未見也。張爾田《李義山詩辨正》[20]，專駁紀評，攻訐其失，語極犀利也。

十、馮浩《玉谿生詩箋註》

（一）萬曼《唐集敘錄》云：「成《玉溪生詩箋注》四卷（正集三卷、卷首一卷），正集前二卷編年，後一卷不編年。…

---

20 見張爾田《玉谿生年譜會箋》（臺北：臺灣中華書局，73 年臺三版），頁 263至頁 520。

至此乃有編年本，乾隆二十八年（一七六三）刊行。」（頁
二八六）

案：馮浩〈玉谿生詩箋註序〉，作於乾隆二十八年癸未夏日。而乾
隆四十五年，馮浩〈重校發凡〉云：「初恐病廢，急事開雕。
既而檢點謬誤，漸次改修，積十五六年，多不可計。」逆數
之，亦當開雕於乾隆二十八年前後。且馮氏罹有心疾，時發
時止[21]，書成，必急於付梓，故乾隆二十八年，亦應有刻本
矣。然遍查諸家書目，皆未見著錄，或所刻甚少，流傳未廣
耳。又此本自無錢陳群、王鳴盛二序。

（二）《玉谿生詩詳註》三卷　清馮浩撰　乾隆三十二年刊本
（《東京大學東洋文化研究所漢籍分類目錄》）

案：此本為馮書，最早見於著錄者。錢陳群〈玉谿生詩箋註序〉，
作於乾隆乙酉（三十年）秋九月。王鳴盛〈李義山詩文集箋
註序〉，作於乾隆丁亥（三十二年）九秋。故知乾隆三十二
年，馮書應曾雕版，乾隆四十五年又重校付梓也。又錢序、
王序、馮自序、馮發凡等，皆作《玉谿生詩箋註》，而此本
作《玉谿生詩詳註》，或雕版所用書名歟？

（三）《玉谿生詩詳註》三卷卷首一卷　唐李商隱撰　清馮浩
編註　乾隆四十五年重校刊本（王重民《博野蔣氏寄存書
目》，《書目類編》（39）。）

（四）《玉谿生詩詳注》三卷附年譜一卷詩話一卷　四冊
（唐）李商隱撰　（清）馮浩編訂　（清）乾隆四十
五年重刊本（《中央研究院歷史語言研究所普通本線裝書

---

21 馮浩〈玉谿生詩箋註序〉云：「余既患心疾，固不能更進於斯也。」錢陳群
〈玉谿生詩箋註序〉亦云：「既孟亭服闋，以舊有心疾，時發時止，未得赴
補。」皆患心疾之證也。

目》)

（五）《玉谿生詩詳註》三卷附年譜一卷詩話一卷　　唐李商隱撰
　　　清馮浩註　　乾隆庚子刻本（甘鵬雲《崇雅堂書錄》十一，
　　　《書目類編》(41)。)

案：以上三本，書名亦作《玉谿生詩詳註》。正集三卷，卷首一卷
　　[22]。為乾隆庚子（四十五年），重校刊本。蓋以初刻匆促，謬
　　誤繁多，乃又重鐫也。馮浩〈重校發凡〉云：「既欲重鐫，
　　通為校改，大半如出兩手矣。」校改處頗多。另有與文集合
　　刊本，詳後。

（六）《玉谿生詩詳註》三卷　　四冊　　清馮浩編訂、胡重參校
　　　清乾隆四八年（一七八三）桐鄉馮氏德聚堂校刊初印本
　　　有太原張穆圈點、並錄紀評、唐百川藏印及校籤（無名氏
　　　《四川省書圖館藏古籍目錄》，《書目類編》(26)。)

案：據此，乾隆四十八年，亦有校刊本。則乾隆時，應有二十八
　　年、三十二年、四十五年、四十八年四刻本[23]。又據馮浩〈嘉
　　慶重校本發凡補〉及〈嘉慶重校本跋〉，知嘉慶時亦刊重校
　　本，所印即庚子重校本也[24]。馮浩卒於嘉慶六年（西元一八
　　〇一年），此本必刊於嘉慶六年前。

（七）《玉谿生詩詳註》三卷　　四冊　　清道光浙江重刻德聚堂
　　　本（無名氏《四川省圖書館藏古籍目錄》，《書目類編》

---

22 萬曼《唐集敘錄》云：「乾隆 45 年庚子（1780）馮浩又加以重校。…同時
　葉數增多，卷次也有改易，卷首改為 2 卷，正集改為 6 卷。」（頁 286）。案：
　萬說誤。乾隆 45 年重校本，仍為正集 3 卷，卷首 1 卷。嘉慶重校本，馮浩
　跋云：「今為便利讀者起見，特酌分卷首為 2 卷，正集為 6 卷，以便繙蒐，
　幸識者諒之。」卷次始為更易也。
23 乾隆 28 年刊本，尚未有確據。乾隆 48 年本，標明「校刊初印本」，似即乾
　隆 45 年本。
24 馮浩〈嘉慶重校本跋〉云：「茲版因照庚子重校本付印。」又郝世峰云：「南
　開大學圖書館藏馮浩《玉溪生詩詳注》嘉慶元年（丙辰）德聚堂版。」（參
　看註 30）。據此，嘉慶重校本，刊於嘉慶元年也。

（26）。）

（八）又一部題《玉谿生詩箋註》　　四冊（無名氏《四川省圖
　　書館藏古籍目錄》，《書目類編》（26）。）

（九）《玉溪生詩詳註》三卷　　清馮浩撰　　清刊　　四冊（《靜
　　嘉堂文庫漢籍分類目錄》）

案：以上三本，皆爲清刊本。據四川省圖書館古籍目錄，知道光
　　年間，浙江曾重刊德聚堂本。《靜嘉堂文庫》所藏，未言年
　　代，觀其書名、卷數，應爲乾隆刊本也。又馮浩及諸家序，
　　皆作《玉谿生詩箋註》，然清刊本書名並爲《玉谿生詩詳註》，
　　僅四川省圖書館藏本，有題爲《玉谿生詩箋註》者，似亦爲
　　道光刻本也。

（十）又一部題《玉谿生詩詳註》六卷附年譜目錄各一卷　　八
　　冊　　民國三年（一九一四）上海天寶書局石印本（無名
　　氏《四川省圖書館藏古籍目錄》，《書目類編》（26）。）

（十一）《玉谿生詩箋註》六卷卷首一卷附年譜一卷　　清馮浩撰
　　民國五十九年臺北臺灣中華書局用《四部備要》本景印（《京
　　都大學人文科學研究所漢籍目錄》）

（十二）《玉谿生詩詳註》　　馮浩注（華正書局六十八年五月出
　　版）

案：天寶書局石印本，正集六卷，卷首二卷，應爲嘉慶重校本[25]。
　　《四部備要》本，書名作《玉谿生詩箋注》，卷數同天寶書
　　局本，似爲道光刻本，中華書局五十四年十一月臺一版。華
　　正書局本，有〈重校發凡〉，正集三卷，附年譜、詩話，當
　　爲乾隆四十五年重校刊本。又王鐵麟〈李商隱詩注版本舉隅〉

_____

25　參看註22。

云：「一九七九年中華書局列其為《中國古典文學叢書》本，分上下冊首次排印發行。」[26]。未言版本。綜上所考，知馮書有乾隆刊本、乾隆重校刊本、嘉慶重校本、道光刻本，各本書名、卷數略異也。以下考其詩文合刊本。

（十三）《玉谿生詩詳註》三卷年譜一卷《樊南文集詳註》八卷（清）馮浩註　清乾隆四十五年桐鄉馮氏德聚堂重校刊本（臺大）（王民信《中國歷代詩文別集聯合書目》，第四輯）

（十四）《玉溪生詩集箋註》三卷《文集箋註》八卷附年譜一卷詩話一卷　唐李商隱　清桐鄉馮浩　乾隆重刊本丁書　八冊（《江蘇省立國學圖書館現存書》卷十一）

（十五）《李義山詩文全集詳註》　《玉谿生詩箋註》三卷《樊南文集詳註》八卷　清馮浩撰　清乾隆刊　八冊（《靜嘉堂文庫漢籍分類目錄》）

案：此三本均為乾隆刊本也。其書名各異，第一本作《玉谿生詩詳註》、《樊南文集詳註》，皆用「詳註」；第二本作《玉谿生詩集箋註》、《文集箋註》，「詩」下多一「集」字，「文集」上無「樊南」二字，並題「箋註」；第三本總名為《李義山詩文全集詳註》，異於他本，下分目《玉谿生詩箋註》，無「集」字，《樊南文集詳註》，與第一本同名，詩「箋註」，文「詳註」。書名紛紜多端，或當時已有「詳註」、「箋註」異稱，或鏤版時地不同，今難明矣。至其卷數，則皆詩集三卷，文集八卷。二、三本皆八冊，第一本亦應為八冊矣。

（十六）《玉谿生詩詳註》三卷年譜一卷《樊南文集詳註》八卷

26　頁270。參看註12。

（清）馮浩註　　　清同治間上海醉六堂刊本（臺大）（王民信《中國歷代詩文別集聯合書目》，第四輯）

（十七）《玉谿生詩箋註》三卷《文箋註》八卷　　國朝馮浩撰刊本（丁仁《八千卷樓書目》）

案：醉六堂刊本，書名同德聚堂重校刊本，當即翻刻此本也。據馮寶圻〈李義山詩文集後跋〉，知此書爲同治七年馮氏曾孫寶圻，刻於上海。八千卷樓所藏，書名與江蘇省立國學圖書館藏本相近[27]，或刻於同時也。

（十八）錢陳群〈玉谿生詩箋註序〉云：「孟亭…因素愛玉谿詩文，惜諸家所註，各有踳駮附會，《舊、新唐書》本傳，各有岐誤。爰細意鉤核，發詩文之含蘊，以詳譜其行年。年譜定，而詩之前後，各得其所矣；文之前後，亦莫不按部就班，而本傳之同異自見，於是作者之心跡大彰灼於卷帙間。」

（十九）馮浩〈玉谿生詩箋註序〉云：「偶復取義山詩，一爲諷詠，動有微悟，試詮數章，機不可遏。於是徵之文集，參之史書，不憚悉舉而辨釋之。詩集既定，文集迎刃以解，鮮格而不通者，迺次其生平，改訂年譜，使一無所迷混，余心爲之愜焉。」

（二十）王鳴盛《蛾術篇》卷七十七云：「馮先生于史事，穿穴心苦，閒多臆揣，則有未確處。」

（二一）李慈銘《越縵堂詩話》云：「其書極一生之力，多正朱長孺、徐藝初兩家之誤，屢有補訂，極爲細密。文後又附輯逸句。然頗傷蔓引，又多辨舊注不甚關係之事。且喜推測詩意，議論迂腐，筆舌冗漫，時墮學究之習。至求詳太過，

---

27 八千卷樓藏本，作「詩箋註」、「文箋註」，「詩」、「文」下無「集」字。

往往複沓瑣碎，轉淆檢閱。…然攷玉谿詩文者，詳博無逾
之矣。」

（二二）張爾田《玉谿生年譜會箋》卷一云：「惟馮氏論詩，長於
　　　鉤稽，短於意逆；又樊南補編文二百三篇，出《永樂大典》，
　　　爲當時所未見，故攷索之功，雖百倍於諸家，而經緯年歷，
　　　仍不免臆決而誤。近錢氏楞仙注補編，曾於馮譜駁正數條。」

案：據上引文，知馮浩惜諸註穿鑿，本傳歧誤，乃參之史書，自
　　爲箋註。先定年譜，復編年詩文，辨疑發隱，明作者心跡也。
　　義山詩文編年，自馮氏始也。然詩義多歧，史傳疏略，又未
　　見《永樂大典》遺文，舛誤在所難免，故毀譽互見矣。或以
　　爲臆揣史事，有未確處，或贊其詳博，而傷其冗漫，甚者且
　　謂其短於意逆，諸家所見不同也。

十一、徐德泓、陸鳴皋《徐陸合解》

（一）萬曼《唐集敘錄》云：「西冷徐德泓、武源陸鳴皋（士湄又
　　　號鶴亭）選李詩二百五十六首而疏之，名曰《徐陸合解》，
　　　雍正初年刊。」（頁二八七）

案：是書爲選疏，且已久佚，莫有傳本，故列於此。義山詩約六
　　百餘首，徐、陸選二五六首，不及其半。

十二、劉嗣奇《李義山詩刪註》

（一）《李義山詩刪註》二卷　　清劉嗣奇　　清刊（耆英堂）
　　　二冊（《內閣文庫漢籍分類目錄》）

（二）《李義山詩刪註》二卷　　清劉嗣奇撰　　昭和四十九年本
　　　所用東京內閣文庫藏刊本景照（一冊）（《京都大學人文科
　　　學研究所漢籍目錄》）

案：鋟版時地未詳。觀其書名，應爲義山詩選註，非註全集也。
　　又中土書目，未見著錄。

十三、周曰沆評點《李義山詩二卷》

（一）《李義山詩》二卷　　唐河內李商隱　　清茂苑周曰沆評點
　　　巾箱本　　丁書　　一冊（《江蘇省立國學圖書館現存書》
　　　卷十一）

案：此丁丙藏書也[28]。未言出版時地。周氏評點詩二卷，而義山
　　詩集多爲三卷，或爲選評也。

十四、稿本

（一）魏樹德〈玉溪生詩意序〉云：「又有徐藝初樹穀之箋、徐仲
　　　章炯之注，而海鹽陳靈茂許廷，閩中李元仲世熊俱有箋本，
　　　海寧許蒿廬昂霄曾注其半部，徐湛園逢源亦有未刊箋本。率
　　　皆博考史籍，證驗時事，復徵引典故、訓詁，以意逆作者
　　　之志。今其書罕有傳者。」

（二）馮浩《玉谿生詩箋註》發凡云：「余初脫稿，聞吳江徐湛園
　　　逢源有未刊箋本…余因外弟盛百二向其後人借觀。」又云：「余
　　　所見有馮已蒼舒、定遠班、田簣山蘭芳、何義門焯、錢木菴良
　　　擇、楊致軒守智、袁虎文彪，諸家評本。」又云：「海鹽陳靈
　　　茂許廷有箋本，久不傳矣。聞閩中寧化李元仲世熊亦有箋本，
　　　未及訪其存否也。數十年來，海寧許蒿廬昂霄曾註其半部，
　　　亦無可覓。」

28　姚名達《中國目錄學史》云：「丁丙之書，流入江南圖書館，現已改名國學
　　圖，該圖亦選撰（家歡案：「撰」字疑爲衍文。）爲善本書目。」（頁416）。
　　丁書，即丁丙之書也。

案：魏、馮二氏所言，皆為稿本，未曾刊刻者。計有六本：1、徐
　　樹穀、徐炯箋註本。2、陳許廷箋本。3、李世熊箋本。4、
　　許昂霄箋本。5、徐逢源箋本。6、馮舒、馮班、田蘭芳、何
　　焯、錢良擇、楊守智、袁彪諸家評本。諸家稿本，或已成書，
　　或註其半，而多不傳矣。二徐文集箋註通行於世，詩集箋註
　　則無以見也。又馮氏所見諸家評本，亦不知為輯評本，抑散
　　見各書中耶？

（三）萬曼《唐集敘錄》云：「沈德壽《抱經樓藏書志》二著錄：
　　白岩姜炳璋《選玉溪生詩補說》三卷，也是稿本。」（頁二
　　八六）[29]

（四）郝世峰云：「據民國十六年羅士筠修《象山縣志》卷十八〈藝
　　文考〉：『《玉溪生詩解》四卷，案是書亦有傳鈔殘本，惜毀
　　于火。』…南開大學圖書館藏馮浩《玉溪生詩詳注》嘉慶元
　　年（丙辰）德聚堂版的天頭，卻有不知名氏者正楷過錄姜丙
　　璋評箋一百三十四則，并姜氏自序一篇。…據姜氏自序，《選
　　玉溪生詩補說》共選李商隱詩二百四十篇有奇，今見過錄者
　　只有一百三十四首的評箋，雖非全豹，已逾半數，亦可以為
　　領略姜氏說詩之一般的憑借了。」[30]

案：據郝氏之文，知姜書原名為《玉溪生詩解》，選註義山詩二四
　　〇餘篇。其鈔本已毀於火。今存一三四則，見南開大學藏馮
　　本書眉。是書亦未曾鏤版也。

29 「二」字誤，郝世峰云：「應為『五十二』。」《抱經樓藏書志》卷 52 著錄。
　　參看註 30。
30 郝世峰〈關于姜丙璋的《選玉溪生詩補說》〉，南開學報 1983-2，72 年 3 月。

肆、元選本、清校本

一、元選本 —— 鄭潛庵《李商隱詩選》

（一）袁桷〈書鄭潛庵李商隱詩選〉云：「客京師潛庵鄭公示以新
選一編，去其奇衺俚豔。讀其詩，若截狐爲裘，播精爲炊，
無一可議。去取之當，良盡於此。…今此編對偶之工，一語
之切，悉附于左，商隱之詩如是足矣，覽者其何以病。」[31]

案：清以前，義山詩選，僅此一本。其書久佚，不傳於世。袁氏
贊其去取精當，亦不知然否。鄭潛庵，《元史》無傳。袁桷
卒於泰定四年（西元一三二七年），《元史》卷一七二有傳。
則鄭氏詩選，必編於泰定四年前矣。

二、清校本

（一）《東潤寫校李義山詩集》三卷　　唐李商隱撰　　石印本
絳雲樓主人手書並据宋本校　　二冊（何澄一《故宮所藏
觀海堂書目》卷四，《書目類編》（38）。）

（二）《東潤寫校李商隱詩集》三卷　　二冊　　唐李商隱撰
清宣統元年（一九○九）北京神州國光社石印清舊鈔本（無
名氏《四川省圖書館藏古籍目錄》，《書目類編》（26）。）

（三）《錢謙益寫校本》三卷　　上海神州國光社影印本、上虞羅
氏影印本（范希曾《書目答問補正》卷四）

（四）《李商隱詩集》三卷　　唐李商隱撰　　清宣統元年石印錢

---

31 元袁桷《清容居士集》卷48，《景印文淵閣四庫全書》1203 冊。

謙益寫校舊鈔本　　二冊　　近人蔣斧跋(《國立故宮博物院善本舊籍總目》)（亦見《普通舊籍目錄》)

（五)《李商隱詩集》三卷　　唐李商隱撰　　宣統元年上海神州國光社用錢謙益寫校本景印　　二冊(《京都大學人文科學研究所漢籍目錄》)

案：觀海堂藏本，書名作《東澗寫校李義山詩集》，異於他本。據范希曾《書目答問補正》，知錢謙益寫校本，有二影印本，一爲上海神州國光社本，一爲上虞羅氏本。考蔣斧跋[32]云：「吾友羅叔言參事，曩得此本于南匯沈氏，國光社主人，借付影印。」故知錢氏寫校本，初爲羅振玉所得，後借國光社影印。則所謂「上虞羅氏本」者，應在國光社本之前，蓋羅氏先已影印也。觀海堂藏本，書名與國光社本不同，當即爲上虞羅氏本也。書名亦爲羅氏所定也。宣統元年（己酉，西元一九〇九年），神州國光社石印本，北京本書名爲《東澗寫校李商隱詩集》（改「李義山」爲「李商隱」，或蔣斧所改），上海本無「東澗寫校」四字，二本蓋同年刊行也。國粹學報己酉第五號[33]，「紹介遺書—舊著新刊類」，首本即爲錢氏寫校本。其標目爲「《李商隱詩集》三卷絳雲主人寫校本　　唐風樓藏書　　己酉國光社景印」，後錄蔣斧跋語。其書名無「東澗寫校」四字，當爲上海國光社本也。故宮藏本，亦無「東澗寫校」四字，同爲上海國光社石印本也。汪中自美景歸[34]

---

32 見國粹學報己酉第五號（原第 54 期），宣統元年 4 月 20 日。
33 同註 32。
34 龔鵬程云：「播遷以來，世無傳本；汪師雨盦赴美講學，始得之於柏克萊大學圖書館中。因復景歸，用付剞劂。」(〈《東澗寫校李商隱詩集》校記〉，書目季刊 20:2，75 年 9 月)。案：據《國立故宮博物院善本舊籍總目》，故宮即有藏本。又龔氏〈校記〉刊於 75 年 9 月，而至今（79 年 11 月）猶未見該書出版也。

者，書名爲《東澗寫校李商隱詩集》，蓋北京國光社印本也。北京本、上海本同有蔣斧跋。

（六）蔣斧跋云：「此本爲東澗老人手寫，以朱墨筆一再校勘。其標題初作《李義山詩》，嗣以朱筆改『詩』爲『集』，又以墨筆改爲《李商隱詩集》。標題之次行，初有『太學博士李商隱義山』款一行，嗣以朱筆抹去，又加墨勒。…愛日精廬所載舊鈔本護淨居士跋云…又云：『孫方伯功父以一本見示，凡錢本之可疑者，一朝冰釋，乃知錢本直坊本耳。』」[35]

（七）龔鵬程云：「然細觀此本書法，顯出二手，校改者牧齋，抄詩集者非牧齋也。一人書法早晚稚肆固有不同，然出筆入筆結體用法不應差異至此，其書亦與牧齋傳世書跡不類，且集前有『東澗家舊鈔善本，牧翁校宋本數過』及古吳趙陸紹題『李義山詩集舊鈔本，絳雲主人手書』字樣，是皆以集爲舊抄，非牧齋所書，否則當云義山詩集牧齋手抄本也。蔣氏殆爲失考。」[36]

案：護淨居士跋謂錢本爲坊本，蔣斧以爲「殆指東澗手寫之原本」[37]。據蔣氏所述，知錢本標題原作《李義山詩》[38]，標題次行初有「太學博士李商隱義山」款一行。考今傳世景宋本，皆署名「唐李商隱撰」，唯明嘉靖刊本，署名爲「太學博士李商隱義山」。且錢謙益、季振宜遞輯之《全唐詩稿本》[39]，亦以嘉靖刊本爲底本，故知錢本實爲明嘉靖刊本，亦即護淨居士

---

35 同註 32。
36 〈《東澗寫校李商隱詩集》校記〉，書目季刊 20:2，75 年 9 月。
37 同註 32。
38 蔣斧後又云：「按此本初署題曰『李義山集』。」前云初題作《李義山詩》，後云《李義山集》，未知孰是。
39 《全唐詩稿本》，屈萬里、劉兆祐主編，聯經出版事業公司 68 年 9 月。

所謂坊本也。然嘉靖本標題爲《李義山詩集》，較錢本原題多
一「集」字，且卷數爲六卷，與錢本卷數不合，又不知何故
也[40]。又龔氏據寫校筆跡不同，推定抄詩集者非錢氏，校改者
錢氏也。然觀海堂藏本，題「絳雲樓主人手書並据宋本校」，
國光社印本作「《錢謙益寫校舊鈔本》」（見故宮藏本），並以
寫、校屬牧齋也。且趙陸紹題作「李義山詩集舊鈔本，絳雲
主人手書」，「手書」云者，似據舊鈔本重寫一通，以便校勘
也。故諸家所見之本，寫、校者皆錢氏也。蔣氏似未失考。

伍、結　語

宋人劉克首註義山詩，其書不傳。張震（文亮）註見《唐音》
中，僅二十九首，非註全集也。

至明，有釋道源《李義山詩註》、錢龍惕《玉溪生詩箋》。道
源作註，始於萬曆丁亥（十五年），未成而卒，牧齋藏有遺本。錢
箋博考群籍，證驗時事，成書於萬曆戊子（十六年），靜嘉堂文庫
藏有寫本。

清註本較夥，可分爲刊本、選註本、稿本三類。（一）刊本：
1、朱鶴齡《李義山詩註》。初刻於順治己亥（十六年），爲諸註之
藍本。2、程夢星《重訂李義山詩集箋註》。有乾隆八年江都程氏
家刊本。闡發理蘊，疏通證明，義山功臣也。廣文書局六十一年

---

40 蔣氏跋語，前後矛盾。前牽合陳振孫《直齋書錄解題》，以爲錢氏原本爲宋
本。後又據護淨居士跋，以爲錢氏原本爲坊本。考楊立誠《四庫目略》云：
「張目有馮氏護淨居士，崇禎甲戌鈔，以北宋本校成之本，馮有二跋。」（《書
目類編》（11））。護淨居士之北宋本，當即孫方伯見示之本，必爲取此本與
錢本核對，積疑冰釋，乃知錢本直坊本耳。其語當必有據，較爲可信。

五月出版。3、沈厚塽《李義山詩集輯評》。同治九年刻於廣州倅署，爲三色套印本。錄何焯、朱彝尊、紀昀三家評語。學生書局五十六年五月出版。4、吳喬《西崑發微》。今傳有嘉慶本。吳氏以爲義山無題諸首，胥爲令狐綯作，失之穿鑿。廣文書局六十二年九月出版。5、陸崑曾《李義山詩解》。有雍正刊本。陸氏以義山七律，可與少陵齊驅，故取一一七首箋釋。學海出版社七十五年八月出版。6、姚培謙《李義山詩集箋註》。有乾隆四年華亭姚氏松桂讀書堂刊本，故宮有藏本。姚氏以疏通辭意爲主。7、屈復《玉谿生詩意》。有乾隆四年刊本。專解玉谿詩意。正大印書館六十三年六月出版。8、紀昀《玉谿生詩說》。有槐廬叢書本。以說詩爲主。9、馮浩《玉谿生詩箋註》。似於乾隆二十八年刊行。用心細密，最爲通行。（二）選註本：1、徐德泓、陸鳴皋《徐陸合解》。雍正初年刊。選疏二五六首。2、劉嗣奇《李義山詩刪註》。內閣文庫藏有清刊本。3、周曰沆評點《李義山詩》二卷。丁丙藏書，存江蘇省立國學圖書館。（三）稿本：1、章有大註玉谿生詩。成於雍正年間。2、徐樹穀、徐炯箋註本。3、陳許廷箋本。李世熊箋本。4、許昂霄箋本。5、徐逢源箋本。6、馮舒等評本。7、姜炳璋《選玉溪生詩補說》。諸本未曾鋟版，久已失傳。以上計刊本九本，選註本三本，稿本八本，共爲二十本，可謂富盛矣。而未著錄者，又不知有幾焉。

　　註本之外，復有選本、校本。選本有元人鄭潛庵《李商隱詩選》，去取精當，袁桷有序。校本則爲錢謙益之《東澗寫校李義山詩集》二冊，宣統元年國光社影印，故宮有藏本。

　　諸家註本，散見各處，檢閱不便。劉學鍇、余恕誠二氏乃匯集錢龍惕、朱鶴齡、陸崑曾、姚培謙、屈復、程夢星、馮浩、沈厚塽、紀昀、張爾田十一家之註，撰《李商隱詩歌集解》五冊，

二一〇三頁，並附有「傳記資料」、「各本序跋凡例」、「書目著錄」、「李商隱年表」、〈李商隱生平若干問題考辨〉（原發表於安徽師大學報 1983-4，P.43～P.48，72 年 12 月），由北京中華書局七十七年十一月出版，定價二十一元，價廉實用，頗便學者，可購置也。

李商隱文註本考

　　義山之文，有四六，有古文。四六多爲章奏應用之文，蓋代筆之作也。當時頗以爲工，後人視之爲常。且獺祭成篇，閱覽不易，讀者漸寡，其文遂佚。古文爲詩所掩，亦漸散失。清初，朱鶴齡始自類書輯佚，釐爲五卷，且爲之箋。徐樹穀、徐炯昆仲、馮浩又取朱本箋註。後錢振倫、錢振常昆仲，補錄《全唐文》中二百三篇，分任箋註之役。於是，文之註本稍多矣。然若與詩註本相較，多寡相去甚遠也。今考其文註本之雕版流傳，以備參考。

壹、朱鶴齡箋本

（一）朱鶴齡〈新編李義山文集序〉云：「又以《新、舊唐書》考證時事，略爲詮釋，而因題其首。」[1]又《李義山詩註》凡例云：「余合箋義山詩文，始于丁酉孟冬，成於己亥季春。初意爲名山之藏，顧子茂倫有孝慈惠先出詩集授梓，非余志也。」

（二）徐炯《箋注李義山文集》凡例云：「愚菴之言如此（案：即前引之『考證時事，略爲詮釋』。）。余聞之，亟向松陵索

1　《愚菴小集》卷7，《景印文淵閣四庫全書》1319 冊。

其注稿。友人攜以來示。則其所謂考證時事，略爲詮釋者，亦未詳備。而典故所出，則概乎未之及也。」[2]

案：朱氏詩註，刻於順治己亥（十六年），而其文集箋本，未曾授梓，今不可得矣。徐氏嘗見注稿，謂詮釋未詳，又不及典故出處。據錢謙益〈朱長孺箋註李義山詩序〉，朱氏箋詩，始於乙酉（順治二年）歲[3]，而朱氏自謂合箋詩文，始於丁酉（順治十四年）孟多，成於己亥（順治十六年）季春。然則箋詩之日久，箋文不足二載，成書匆促，自不能詳盡，徐氏之言可信也。又《四庫全書總目》謂朱箋本爲「未竟之稿」也。

貳、徐樹穀箋、徐炯註《李義山文集註》

（一）《李義山文集》十卷　　唐李商隱撰　　清徐樹穀箋徐炯註　　清康熙四十七年崑山徐氏花谿草堂刊本　　四冊（《國立故宮博物院善本舊籍總目》）

（二）《李義山文集》十卷　　唐李商隱撰　　清徐樹穀箋清徐炯註　　康熙四十七年崑山徐氏花谿草堂刊本（《京都大學人文科學研究所漢籍目錄》）

（三）《李義山文集》十卷　　唐李商隱撰　　清徐樹穀箋清徐炯註　　康熙四十七年崑山徐氏花谿草堂刊本（《東京大學東洋文化研究所漢籍分類目錄》）

（四）《李義山文集》十卷　　唐李商隱撰　　清徐樹穀輯　　清

---

2 《四部要籍序跋大全》集部乙輯，華國出版社 41 年 4 月。
3 參看第 3 章註 5。

康熙四十七年刊本　　　四冊（趙萬里《西諦書目》目三,《書目類編》（43）。）

案：此四本,皆為康熙四十七年（戊子,西元一七〇八年）刊本,蓋初刻本也[4]。諸家著錄,書名並同,無「箋註」二字。卷數同為十卷。前三本標明為「崑山徐氏花谿草堂」所刻,為家刻本,後一本雖未標明,亦應為花谿草堂刊本。冊數應同為四冊。

（五）《李義山文集》十卷　　崑山徐樹穀初箋　　康熙精刊初印本　　四冊（粹芬閣主人《粹芬閣珍藏善本書目》,《書目類編》（39）。）

（六）《李義山文集》十卷　　四冊　　清康熙間刻本　　唐李商隱撰　　卷內題：「崑山徐樹穀藝初箋,徐炯章仲注。」（王重民《中國善本書提要》頁五〇八）

案：以上二本,亦為康熙刻本,第未標明年月。其書名、卷數、冊數皆同康熙四十七年徐氏花谿草堂刊本,故應為康熙四十七年刊刻也。徐樹穀字藝初,粹芬閣藏本「初」字上脫漏「藝」字,當補。又粹芬閣藏本,無徐炯之名,或初印本無其名。

（七）《李義山文集》十卷　　唐李商隱　　崑山徐樹箋（案：「樹」字下脫「穀」字。）　　竹紙　　三本一函（吳引孫《揚州吳氏測海樓藏書目錄》卷五,《書目類編（37）。）

案：此本亦無徐炯名。題名「崑山徐樹穀」與粹芬閣藏本相近,或即康熙精刊初印本也。冊數三本,異於諸本也。

（八）《李義山文集箋註》十卷　　唐李商隱　　清崑山徐樹穀箋徐炯註　　康熙花谿草堂刊本　　丁書　　善乙　　四冊（《江蘇省立國學圖書館現存書》卷十一）

---

4 徐炯序,作於康熙47年。見王重民《中國善本書提要》頁508。

（九）《李義山文集箋註》一〇卷　　清徐樹毅箋徐炯注　　清康
　　　熙刊（丁仁《八千卷樓書目》）。

（十）《李義山文集箋註》一〇卷　　清徐樹毅箋　　徐炯注
　　　清康熙刊　　二冊（案：又一部爲四冊。）（《靜嘉堂文庫
　　　漢籍分類目錄》）。

案：此三本，皆康熙刊本，未言年月，書名同有「箋註」二字，
　　異於前所錄諸書。然則，康熙時應有二刻本：1、康熙四十
　　七年刻本。書名作「《李義山文集》十卷」，無「箋註」二字。
　　2、年月不詳。書名作「《李義山文集箋註》十卷」，刊於後。
　　書名有「箋註」二字，較易辨識，四庫全書本即作《李義山
　　文集箋注》也。

（十一）《李義山文集箋註》十卷　　清徐樹毅箋徐炯注　　徐氏
　　　刊本　　四冊（何澄一《故宮所藏觀海堂書目》卷四，書
　　　目類編》（38）。）

（十二）《李義山文集箋註》十卷　　國朝徐樹毅箋徐炯註　　刊
　　　本（丁仁《八千卷樓書目》）

（十三）《李義山文集箋註》十卷　　清徐樹毅箋徐炯註　　徐氏
　　　刻本（楊立誠《四庫目略》，《書目類編》（11）。莫友芝《邵
　　　亭知見傳本書目》卷十二同，《書目類編》（75）。）

案：三書俱未言時代，書名、卷數、作者又同，當爲同時所刻也。
　　又二徐箋註本，僅見康熙刊本，《四庫全書》爲寫本，故此
　　三本亦應爲康熙刊本矣。

（十四）《李義山文集箋注》十卷　　唐李商隱撰　　清徐樹毅箋
　　　徐炯注　　清乾隆間寫《文淵閣四庫全書》本　　六冊（《國
　　　立故宮博物院善本舊籍總目》）

（十五）《李義山文集箋注》十卷　　唐李商隱撰　　清徐樹毅箋

徐炯注　　清乾隆間寫《四庫全書薈要》本　　八冊（《國
　　立故宮博物院善本舊籍總目》）

（十六）《李義山文集箋註》十卷　　（清）徐樹穀箋（清）徐炯
　　注　　《四庫全書》、集部別集類　　《摛藻堂四庫全書薈
　　要》、集部（《叢書子目類編》）

案：《四庫全書總目》卷一五一集部別集類四《李義山文集箋註》
　　十卷下，小字註：「通行本」。徐本通行者，唯有康熙刻本，
　　《四庫全書》收錄即此本也[5]。薈要本，卷數同，冊數多二冊，
　　或其厚薄不同，故分冊有異也。又內閣文庫藏有《李義山詩
　　文集》八冊，詩爲姚培謙箋，文爲徐樹穀箋徐炯注。詳見上
　　篇《李商隱詩註本考》。

（十七）徐炯《箋注李義山文集》凡例云：「伯兄侍御因爲箋，以
　　補其時事之所遺，而余則博稽典故以爲之註。元元本本，
　　索隱鉤深，始知義山之文，無一字無來歷也。」[6]。

（十八）《四庫全書總目》卷一五一集部別集類四云：「鶴齡原本
　　雖略爲詮釋，而多所疏漏，蓋猶未竟之稿。樹穀因博考史
　　籍，證驗時事，以爲之箋。炯復徵其典故訓詁，以爲之註。」
　　（《李義山文集箋註》提要）

（十九）馮浩《樊南文集詳註》發凡云：「徐氏註頗詳，但冗贅訛
　　舛之處迭出，余爲之刪補辨正改訂者過半。至原箋創始誠
　　難，而疏略太甚。余偏繙兩書、《通鑑》，以知人論世之法，
　　爲披霧掃塵之舉。」

案：二徐以鶴齡箋未詳備，兄樹穀補遺時事，作箋；弟炯博徵典
　　故，作註。馮氏謂註訛舛迭出，箋甚疏略也。夫前脩未密，

---

5 在《景印文淵閣四庫全書》1082 冊。
6 同註 2。

後出轉精,誠治學之通例,然創始維艱,二徐功高,固不可
掩也。又自馮本問世,二徐本未見刊行矣。

參、吳兆宜注《李商隱文集》

(二十)《李商隱文集》六卷　　唐李商隱撰　　清吳兆宜注
稿本(無名氏《上海圖書館善本書目》,《書目類編》
(23)。)

(二一)《四庫全書總目》卷一四八集部別集類三:「兆宜,字顯
令,吳江人。康熙中諸生。嘗註徐、庾二集,又註《玉
臺新詠》、《才調集》、《韓偓詩集》。今惟徐、庾二集刊版
行世,餘惟鈔本僅存云。」(《庾開府集箋註》提要)

案:吳氏《庾開府集箋註》、《徐孝穆集箋註》,《四庫全書》已探
入。《玉臺新詠箋》,見《四庫全書總目》總集類存目一。兆
宜所注以駢文為主,注李商隱文集,在馮浩之前,而僅有稿
本,未鋟板行世,故馮氏未見也。又據《四庫全書總目》,
兆宜注《庾開府集》,曾與崑山徐樹穀商榷[7],則注義山文,
或受徐氏影響也。

肆、馮浩《樊南文集詳註》

(一)《樊南文集詳註》八卷　　四冊　　(唐)李商隱撰(清)

---

7 《四庫全書總目》卷148集部別集類三:「近代胡渭始為作註,而未及成帙。
兆宜探輯其說,復與崑山徐樹穀等,補綴成編,粗得梗概。」(《庾開府集箋
註》提要)。

　　馮浩編訂　　　（清）乾隆三十年德聚堂刊本（《中央研究院
　　歷史語言研究所普通本線裝書目》）

（二）《樊南文集箋注》八卷　唐李商隱撰　　清馮浩注　　乾
　　隆三十年重校本（王重民《博野蔣氏寄存書目》卷四，《書
　　目類編》（39）。）

（三）《樊南文集詳注》八卷　　清馮浩撰　　乾隆三十二年刊本
　　（《東京大學東洋文化研究所漢籍分類目錄》）

（四）《樊南文集詳註》八卷　　唐李商隱撰　　清馮浩編註
　　乾隆四十五年重校刊本（王重民《博野蔣氏寄存書目》卷
　　四，《書目類編》（39）。）

（五）《樊南文集詳註》八卷　唐李商隱撰　　清馮浩註　　乾
　　隆庚子刻本（甘鵬雲《崇雅堂書錄》十一，《書目類編》（41）。）

（六）《樊南文集箋注》八卷　　桐鄉馮孟亭編訂　　乾隆年刊竹
　　紙四本一函（吳引孫《揚州吳氏測海樓藏書目錄》卷五，《書
　　目類編》（37）。）

案：以上六本，爲乾隆刊本，刻於乾隆三十年、三十二年、四十
　　五年。考錢維城〈樊南文集詳註序〉，作於乾隆三十年，則
　　德聚堂本，應爲初刻本，即馮氏家刻本也。《博野蔣氏寄存
　　書目》中，有乾隆三十年重校本，書名作「箋註」，與前本
　　不同。故可推知，乾隆三十年有二刻本，一爲德聚堂初刻本，
　　一爲重校本。東京大學東洋文化研究所藏乾隆三十二年刊
　　本，當爲翻刻乾隆三十年德聚堂本。測海樓藏本，書名有「箋
　　註」二字，應即乾隆三十年重校本。馮浩《玉谿生詩箋註》，
　　於乾隆四十五年重校刊行，文集應同時重校，故博野蔣氏藏
　　有「乾隆四十五年重校刊本」。崇雅堂藏之「乾隆庚子（四
　　十五年）刻本」，亦爲重校刊本也。

（七）《樊南文集詳註》八卷　　清馮浩撰　　清嘉慶刊　　四冊

　　　（《靜嘉堂文庫漢籍分類目錄》）

（八）《樊南文集箋註》八卷　　四冊　　唐李商隱撰　　清馮浩

　　　注　　清咸豐甲寅（四年）金臺手鈔本（《國立中央圖書館

　　　善本書目》，第三冊）

案：此二本，皆清刊本也。嘉慶刊本，書名作《樊南文集詳註》，

　　應即乾隆四十五年重校刊本。咸豐甲寅本，書名作《樊南文

　　集箋註》，用「箋註」二字，或爲乾隆三十年重校本也。又

　　中華書局《四部備要》《樊南文集詳注》[8]書後，有馮氏曾孫

　　寶圻之〈李義山詩文集後跋〉。則《四部備要》本，應爲同

　　治七年上海醉六堂翻刻「德聚堂重校刊本」[9]也。

（九）馮浩《樊南文集詳註》發凡云：「徐氏刊本，名《李義山文

　　　集》。余以四六尙居十之八，改標《樊南文集》，稍見當時

　　　手編之遺意。」

（十）余嘉錫云：「惟是馮氏之爲詳注，實能貫串史傳，博采群書，

　　　旁參互證，用心至爲細密，過於徐氏箋注遠甚。」[10]。

案：大中元年十月，義山手編四百三十二篇，爲《樊南四六甲集》；

　　大中七年十一月，復編四百篇，爲《樊南四六乙集》，二書皆

　　四六文也。「樊南」，在長安之南，義山所居之地也。另有《玉

　　溪生賦》一卷、《雜文》一卷、《李商隱文集》八卷，見諸史

　　志，皆古文及賦也。朱鶴齡裒輯遺文，編爲五卷，其中有駢

　　文、有古文，混雜爲一，不宜用《樊南四六甲乙集》舊名，

　　故題《李義山文集》。徐氏沿用之。馮浩以四六居多，改標《樊

8　54年11月臺1版。此本書名作《樊南文集詳注》，而其內頁皆作「詳註」，
　　用「註」字，不用「注」。

9　參看第3章「上海醉六堂刊本」案語。

10　《四庫提要辨證》卷21，集部二。

南文集》，無「四六」二字。後錢氏補編，亦標《樊南文集》。然作《李義山文集》，簡捷醒目，實爲較佳。作《樊南文集》，轉滋困惑，不如不改。余以爲逕作《李商隱文集》，見者瞭然，最爲允當。

伍、錢振倫箋、錢振常註《樊南文集補編》

（一）《樊南文集補編》十二卷附玉谿生年譜訂誤一卷　　唐李商隱撰　　清錢振倫箋弟振常注　　年譜訂誤振倫撰　　同治五年盱眙吳氏望三益齋刊本　　四冊(《京都大學人文科學研究所漢籍目錄》)

（二）《樊南文集補編》十二卷　　（清）錢振倫等註　　清同治五年歸安錢氏望三益齋刊本（臺大）（王民信《中國歷代詩文別集聯合書目》，第四輯）

（三）《樊南文集補編》十二卷　　唐李商隱撰　　清錢振倫輯　　清同治五年刊本　　四冊（趙萬里《西諦書目》目三，《書目類編》（43）。）

（四）《樊南文集補編》十二卷年譜訂誤一卷　　唐李商隱　　歸安錢振倫、常箋注　　同治年吳氏望三益齋刊竹紙　　四本一函（吳引孫《揚州吳氏測海樓藏書目錄》卷五，《書目類編》（37）。）

案：此四本，皆爲同治五年刊本。書名同，卷數同，冊數應同爲四冊，亦應同爲「望三益齋刊本」。然或云「吳氏望三益齋」，或云「錢氏望三益齋」，又有歧異。考盱眙吳棠〈樊南文集補編序〉云：「諷玩再四，愛不去手。爰付手民，以廣流布。」

時吳氏延錢振倫主講崇實書院，故錢氏書成，以示吳氏。授梓者吳氏也，故當云「吳氏望三益齋」。又朱本爲五卷，徐本爲十卷，吳本爲六卷，馮本爲八卷，卷數不同，底本皆爲朱本也。錢氏「補編」則有十二卷，逾於諸本，所補之文甚多也。計有：表六篇、狀一二六篇、啓三三篇、牒十二篇、碑銘三篇、行狀三篇、黃籙齋文六篇、祝文六篇、祭文八篇、補遺一篇，都二〇四篇。其中二〇三篇皆據《全唐文》補入，補遺〈修華嶽廟記〉則據孫梅《四六叢話》補入[11]。所補以狀一二六篇爲最多，逾其半矣。又道光二十七年（西元一八四七年）四月高錫蕃〈原序云：「楞仙太史…嘗取欽定《全唐文》所收商隱駢體文錄之，視今本多至二百三首，釐爲四冊，名曰補編。」是時錢振倫爲官京師，手錄遺文，尙未箋註也。同治三年（西元一八六四年）孟冬，錢振倫〈自序〉云：「咸豐改元，以憂返里，復偕弟振常，分任箋註之役。」則箋註始於咸豐元年（西元一八五一年），而同治三年成書，前後共十四年。吳棠〈樊南文集補編序〉作於同治五年（西元一八六六年），蓋是年刊行也。自道光二十七年手錄，至同治五年付梓，已歷時二十年矣。

（五）《樊南文集補編》十二卷　　唐李商隱　　清歸安錢振倫編
　　　望三益齋刊本　　丁書　　四冊（《江蘇省立國學圖書館現
　　　存書》卷十一）

（六）《樊南文集箋註補編》十二卷附錄一卷　　國朝錢振倫箋振
　　　常註　刊本（丁仁《八千卷樓書目》）

---

11 孫梅云：「商隱此記，《樊南甲乙集》無之，獨見於《華嶽全集》，爲諸家蒐羅之所不及。」（《四六叢話》，見《修華嶽廟記》下引。）又錢振倫《樊南文集補編》凡例云：「今附卷末，然未敢深信也。」

（七）《樊南文集補編》十二卷　　（唐）李商隱撰　　（清）錢
　　振倫（清）錢振常注　《四部備要》（排印本、縮印本）、
　　集部唐別集（《叢書子目類編》）

案：前二本，亦當爲同治五年刊本。《四部備要》排印本，亦應即
　　望三益齋本。中華書局五十四年十一月臺一版。

　　義山文註本，共有朱鶴齡、二徐、吳兆宜、馮浩、二錢五本，
梓行者三本而已。徐本僅有康熙四十七年刊本，馮本初刻於乾隆
三十年，錢本僅刻於同治五年。馮本、錢本收入《四部備要》，較
爲通行。

總參考文獻

一、《四庫全書》

《汗簡》　宋・郭忠恕　《景印文淵閣四庫全書》224 冊

《古文四聲韻》　宋・夏竦　《景印文淵閣四庫全書》224 冊

《演繁露》　宋・程大昌　《景印文淵閣四庫全書》852 冊

《說郛》　明・陶宗儀　《景印文淵閣四庫全書》880 冊

《侯鯖錄》　宋・趙令畤　《景印文淵閣四庫全書》1037 冊

《李義山詩集》　唐・李商隱　《景印文淵閣四庫全書》1082 冊

《李義山詩集注》　清・朱鶴齡　《景印文淵閣四庫全書》1082 冊

《李義山文集箋註》　清・徐樹穀箋、徐炯註　《景印文淵閣四
　　庫全書》1082 冊

《清容居士集》　元・袁桷　《景印文淵閣四庫全書》1203 冊

《兼濟堂文集》　清・魏裔介　《景印文淵閣四庫全書》1312 冊

《堯峰文鈔》　清・汪琬　《景印文淵閣四庫全書》1315 冊

《愚菴小集》　清·朱鶴齡　《景印文淵閣四庫全書》1319 冊

《文苑英華》　宋·李昉等奉敕編　《景印文淵閣四庫全書》1338 冊

《唐文粹》　宋·姚鉉　《景印文淵閣四庫全書》1344 冊

《唐音》　元·楊士宏編、□張震註　《景印文淵閣四庫全書》
　　1368 冊

《詩話總龜》　宋·阮閱　《景印文淵閣四庫全書》766 冊

《全蜀藝文志》　明·周復俊　《景印文淵閣四庫全書》1381 冊

《御定歷代賦彙》　清·陳元龍　《景印文淵閣四庫全書》1421 冊
（《景印文淵閣四庫全書》，臺灣商務印書館 75 年 7 月。）

二、《書目類編》

（《書目類編》，嚴靈峰編輯，成文出版社有限公司 67 年 7 月。）

三、正　史

《舊唐書》　後晉・劉昫等撰　鼎文書局 65 年 10 月
《新唐書》　宋・歐陽脩、宋祁撰　鼎文書局 65 年 10 月
《宋史》　元・脫脫等撰　鼎文書局 67 年 9 月
《宋史翼》　清・陸心源　文海出版社 56 年　趙鐵寒主編《宋
　　史資料萃編》第一輯
《清史》　國防研究院 50 年

四、傳　記

《李商隱傳記資料》　朱傳譽主編　天一出版社 71 年 5 月
《玉谿生年譜會箋》　張爾田　中華書局 73 年 12 月臺三版
《李商隱評傳》　楊柳　木鐸出版社 74 年 7 月

五、目　錄

《崇文總目輯釋》　清・錢侗　廣文書局 57 年 3 月
《直齋書錄解題》　宋・陳振孫　臺灣商務印書館 67 年 5 月
《國史經籍志》　明・焦竑　廣文書局 61 年 7 月
《文淵閣書目》　明・楊士奇　臺灣商務印書館 56 年 3 月
《四庫全書總目》　藝文印書館 63 年 10 月四版
《書目答問補正》　清・張之洞答問、范希曾補正　新興書局 59 年
　　9 月
《四部要籍序跋大全》　華國出版社 41 年 4 月
《國立中央圖書館善本書目》　國立中央圖書館特藏組　國立中
　　央圖書館 56 年 12 月增訂初版

《中央研究院歷史語言研究所普通本線裝書目》　中央研究院歷史語言研究所編 59 年

《八千卷樓書目》　丁仁　廣文書局 59 年 6 月

《中國歷代經籍典》　中華書局 59 年 10 月

《台灣公藏善本書目人名索引》　國立中央圖書館編印 61 年 8 月

《中國目錄學史》　姚名達　臺灣商務印書館 62 年 3 月臺五版

《叢書子目類編》　中國學典館復館籌備處編印　鼎文書局總經銷 66 年 1 月三版

《唐集敘錄》　萬曼　中華書局 69 年 11 月

《江蘇省立圖書館現存書》　見《李商隱傳記資料》引，71 年 5 月

《中國歷代詩文別集聯合書目》　王民信主編　聯合報文化基金會國學文獻館 71 年 12 月

《國立故宮博物院普通舊籍目錄》　國立故宮博物院 59 年

《國立故宮博物院善本舊籍總目》　國立故宮博物院 72 年 4 月

《中國善本書提要》　王重民　明文書局 73 年 11 月

《永樂大典及其輯佚書研究》　顧力仁　文史哲出版社 74 年 7 月

《內閣文庫漢籍分類目錄》　內閣文庫編　內閣文庫印行昭和 31 年

《靜嘉堂文庫漢籍分類目錄》　靜嘉堂文庫編纂　大立出版社 69 年 9 月影印版

《東京大學東洋文化研究所漢籍分類目錄》　東京大學東洋文化研究所昭和 48 年 2 月

《京都大學人文科學研究所漢籍目錄》　京都大學人文科學研究所編　株氏會社同朋舍昭和 56 年 12 月

六、雜　家

《義門讀書記》　清・何焯　中文出版社（京都市）71 年 10 月
《義山雜纂》　唐・李商隱　說郛卷 76
《蛾術篇》　清・王鳴盛　信誼書局 65 年 7 日
《說郛考》　昌彼得　文史哲出版社 68 年 12 月

七、別　集

《重訂李義山詩集箋註》　清・程夢星　廣文書局 61 年 5 月
《李義山詩集》　清・朱鶴齡箋註、沈厚塽輯評　學生書局 56
　　年 5 月
《西崑發微》　清・吳喬　廣文書局 62 年 9 月
《李義山詩解》　清・陸崑曾　學海出版社 75 年 8 月
《玉谿生詩意》　清・屈復　正大印書館 63 年 6 月
《玉谿生詩箋注》　清・馮浩　中華書局 54 年 11 月（《四部備
　　要》）
《樊南文集詳注》　清・馮浩　中華書局 54 年 11 月（《四部備
　　要》）
《樊南文集補編》　清・錢振倫箋、錢振常註　中華書局 54 年
　　11 月（《四部備要》）
《李商隱詩集疏注》　葉葱奇　里仁書局 76 年 7 月
《李商隱詩歌集解》　劉學鍇、余恕誠　（北京）中華書局 77
　　年 11 月
《牧齋有學集》　清・錢謙益　臺灣商務印書館 68 年 11 月（《四
　　部叢刊》）
《陶廬雜錄》　清・法式善　文海出版社（《近代中國史料叢刊》

第 35 輯）55 年

《履園叢話》　錢泳　文海出版社（《近代中國史料叢刊續編》
　　第 82 輯）70 年

八、詩文評

《唐詩紀事》　宋・計有功　臺灣商務印書館 68 年 11 月（《四
　　部叢刊》）

《苕溪漁隱叢話》　宋・胡仔　長安出版社 67 年 12 月

《詩林廣記》　宋・蔡正孫　仁愛書局 74 年 5 月

《許彥周詩話》　宋・許顗　弘道文化事業有限公司 60 年　在
　　《詩話叢刊》中

《蘭叢詩話》　清・方世舉　在《清詩話續編》中

《榕城詩話》　清・杭世駿　在《古今詩話》中

《讀雪山房唐詩序例》　清・管世銘　在《清詩話續編》中

《射鷹樓詩話》　清・林昌彝　《清詩話訪佚初編》7

《筱園詩話》　清・朱庭珍　在《清詩話續編》中

《峴傭說詩》　清・施補華　在《清詩話》中

《越縵堂詩話》　清・李慈銘　《清詩話訪佚初編》7

《清詩話》　丁福保　藝文印書館 66 年 5 月再版

《清詩話續編》　郭紹虞編選、富壽蓀校點　木鐸出版社 72 年 12 月

《古今詩話》　廣文書局 62 年 9 月

《清詩話訪佚初編》　杜松柏主編　新文豐出版公司 76 年 6 月

《拙堂文話》　日・齋藤謙　文津出版社 74 年 3 月再版

九、其　他

《通志》　宋・鄭樵　新興書局 54 年 10 月新一版（《十通》）

《文獻通考》　元・馬端臨　新興書局 54 年 10 月新一版（《十
　　通》）

《永樂大典》　明・姚廣孝等　世界書局 51 年 2 月

《唐代叢書》　清・王文誥輯　新興書局 60 年

《全唐詩稿本》　清・錢謙益、季振宜遞輯　聯經出版事業公司
　　68 年 9 月

《欽定全唐文》　經緯書局 54 年 6 月

《中國小說史略》　（魯迅）　明倫出版社 58 年

《晚唐五代文學批評史》　羅根澤　臺灣商務印書館 58 年 6 月

十、論　文

紹介遺書 ── 舊著新刊類　《李商隱詩集》三卷絳雲主人寫校本　唐
　　風樓藏書　己酉國光社景印　鄧實錄　國粹學報己酉第五
　　號，宣統元年 4 月 20 日

書校本《李義山詩集》後　潘承弼　《制言》33　26 年 1 月

《御定全唐詩》與錢謙益季振宜遞輯唐詩稿本關係探微　劉兆祐
　　（在《全唐詩稿本》第一冊前）　　68 年 9 月

李商隱詩注版本舉隅　王鐵麟　《中國歷代文獻研究集刊》第三
　　集　72 年 2 月

關于姜炳璋的《選玉溪生詩補說》　郝世峰　《南開學報》1983-2
　　72 年 3 月

李商隱及其詩研究　朴仁成　師大國文研究所碩士論文　74 年 4 月

《東潤寫校李商隱詩集》校記　龔鵬程　《書目季刊》20:2　75
　　年 9 月

〈義山雜纂〉研究　鄭阿財　《第一屆國際唐代學術會議論文集》
　　78 年 2 月

〈錢謙益法李商隱詩考述〉 鄭滋斌 《書目季刊》23:3 78 年
12 月

《宋史‧包拯傳》疏證

摘　要

　　包公是清官的典型，正義的象徵，而要研究包公卻困難重重，主要是有關包公的資料並不多，而最重要的資料就是《宋史‧包拯傳》。為研究歷史上的包公，還原包公的真實面目，本文特以《宋史‧包拯傳》為研究對象，將〈包拯傳〉逐字逐句，作一疏證。先將〈包拯傳〉分成三十六小節，每一小節均先註解，再加案語。因時空乖隔，〈包拯傳〉中一些地名、官名、人名，讓讀者茫無頭緒，不易理解，註解中都詳加說明。在案語中，則撮其旨意，並討論問題。同時並參考《包孝肅公奏議》、《包拯年譜》及大陸出土之吳奎〈包拯墓志銘〉等文獻，斟酌異同，以解決〈包拯傳〉中諸多疑難。在結論中，綜合《宋史‧包拯傳》及其他相關資料，得知包公不僅為孝子，且憂國憂民，盡心盡力，乃一代忠臣。一生所為，無愧天地。《宋史‧包拯傳》，經本文疏證之後，應較便於讀者閱覽。

關鍵詞：包拯、包公、包孝肅公奏議、合肥、開封、歐陽脩。

壹、前 言

包公既是歷史人物，又是傳奇人物。小說、戲曲和宗教中的包公，是傳奇人物。而正史上的包公，則是歷史人物。歷史的包公和傳奇的包公，差異頗大。歷史的包公，是真實的包公；而傳奇的包公，已經過渲染，並非包公的本來面目。本文主要是探討歷史的包公，而非傳奇的包公，換言之，也就是研究真實的包公，還原包公的本來面目。

包公是正義的象徵，家喻戶曉。電視上的包公連續劇，一播再播，極受歡迎。甚至，還有人將包公神化，建包公廟，祭祀包公。但研究包公的論文、書籍卻不多，坊間書肆，除包公案外，罕見有關包公的著作，這和包公受歡迎的情況，幾乎不成比例。原因何在？主要是有關包公的資料並不多，要研究包公困難重重。今天流傳下來的包公主要資料，只有《宋史・包拯傳》、包公的奏議（《包孝肅公奏議》）。沒有包公的文集，也沒有包公的詩集。還有就是大陸近年發現的〈包拯墓志銘〉、包公妻〈宋故永康郡董氏墓志銘〉以及包公後裔的墓志銘。另外，就只有些零星資料，散見筆記小說中。又據《宋史・包拯傳》記載，包公「與人不苟合，不偽辭色悅人，平居無私書，故人、親黨皆絕之」，可見包公的交遊，似乎也不廣。因而同時代的人，如歐陽脩、三蘇父子等人文集、詩集中，也極少包公資料。唯一比較特殊的是曾鞏的《隆平集》中，有篇〈包公傳〉[1]，但其中也有些錯誤。因為，資料的

---

1 見《隆平集》第 11 卷〈樞密〉。又王稱《東都事略》卷第 73、列傳 56，亦有〈包拯傳〉，但與《隆平集》所載幾乎完全相同。

不足，研究包公的學者較少，相關著作、論文也不多。

　　由上所述，可以知道，研究包公的最重要資料，當然是《宋史‧包拯傳》。可是《宋史‧包拯傳》，並無人認真研究過，也無人做過疏證工作。其中一些地名、官名、人名，讓讀者茫無頭緒。本文即是對《宋史‧包拯傳》，作一番疏證工作。逐字逐句探討，務求字字句句，都能講求清楚。並且對包公傳中的地名、官名、人名，詳加註解，使包公傳易於閱讀。希望透過這一工作，更能顯現包公的本來面目，讓後人更深入瞭解包公。

　　包公主要傳世著作，爲包公奏議集，也是本文最主要的參考資料。目前，坊間較易購得的包公奏議集，有下列數本：一、《包孝肅公奏議》。新興書局，民國四十九年三月初版。影印李瀚章原刻本，爲省心閣藏板。此書原爲明萬曆間雕本，清同治二年（西元一八六三年），李瀚章省心閣重刊。李瀚章爲包拯同鄉後學，時任廣東按察使司按察。本書即包公門下士張田所集本，共分十卷、三十門。二、《包拯集編年校補》。楊國宜整理‧祖保泉、葉孟明審訂。黃山書社，一九八九年十二月第一版。是書整理包公奏議，依寫作年代爲序，重新排列，分爲四卷。卷一知端州、監察御史時作；卷二任京東、陝西、河北轉運使、戶部副使時作；卷三知諫院時作；卷四任河北都轉運使、知瀛州、知揚州、知廬州、知開封府、權御史中丞、權三司使時作。書前有包拯像、整理說明。書後有附錄：（一）傳記軼事。（二）論贊祠記。（三）文集序跋。（四）包拯仕履表。三、《包拯文集》。捷幼出版社，八十二年十月初版。有平裝本、精裝本兩種。是書目錄爲：（一）包拯的傳記與軼事。〈孝肅包公傳〉、〈國史本傳〉、〈宋史本傳〉、〈包拯墓志銘〉、軼事彙編。（二）文集。卷一、卷二、卷三、卷四。（三）包拯公職履歷表。編輯小誌。本書爲臺灣的出版社出版，在臺灣書坊較

易購得。本書實際上，即是黃山書社出版的《包拯集編年校補》，而次序有所更動，並刪除部分資料。以上三本，即最常見的包公奏議集。本文是以新興書局出版的《包孝肅公奏議》十卷本，為主要參考書籍。此本為張田所編舊本。本文所引用的包公奏議，卷數悉依新興書局《包孝肅公奏議》。

貳、包拯傳疏證

包拯字希仁，廬州合肥人也。

廬州：隋置，屬安徽省。故治在合肥。領四縣一州：合肥、廬江、舒城、巢、無為州。又據《宋史》卷八十八地理四，包公時，廬州屬淮南路，轄縣三：合肥、舒城、慎。

合肥：今屬安徽省。《通鑑地理通釋》：「淮水與肥水合，故曰合肥。」始置於漢，為淮南重鎮。又據《宋史》卷八十八地理四，合肥為廬州轄縣。

案：據《宋史》卷十一〈仁宗本紀〉，嘉祐七年（西元一○六二年），包拯卒，年六十四。逆數之，當生於真宗咸平二年（西元九九九年）。高祖包業，曾祖包襲，隱居不仕。祖父包士通，贈太子少傅。祖母宣氏[2]。父包令儀，字肅之，曾為尚書省虞部員外郎[3]，贈至太保。母張氏。兄二人，皆早卒[4]。初娶張氏，早卒。繼娶董氏，生子繶，二女[5]。另有次子綖（一名綬），媵妾孫氏

---

2 劉炳森《劉炳森書包公神道碑》頁 53。
3 《廬州府志》：「包侍郎名令儀，字肅之，進士及第，授朝散大夫，行尚書虞部員外郎，出帥南京，上護軍，贈刑部侍郎，即拯之父也。」
4 孔繁敏《包拯年譜》頁 3。
5 同註 2，頁 55。

所生。

始舉進士，除大理評事，出知建昌縣。以父母皆老，辭不就。

大理評事：大理，治獄官，掌刑法之事。官署名大理寺，有評事十二人，爲大理寺最低職等。

建昌縣：東漢置，屬豫章郡。故城在今江西省奉新縣西。民國改爲永修縣。又據《宋史》卷八十八地理四，建昌縣爲江南東路南康軍轄縣。

案：曾鞏〈孝肅包公傳〉：「天聖五年登進士第。」〈國史本傳〉亦載：「天聖五年進士及第。」天聖，仁宗年號。天聖五年，爲西元一○二七年，是年包公二十九歲。又《宋史》卷九〈仁宗本紀〉載，天聖五年「三月戊申，賜禮部奏名進士、諸科及第出身一千七十六人。」包公蓋於是榜登進士第。其時，父母俱在，然春秋已高，故曰皆老。

得監和州稅，父母又不欲行，拯即解官歸養。後數年，親繼亡，拯廬墓終喪，猶徘徊不忍去，里中父老數來勸勉。

和州：北齊置，屬安徽省。和州在廬州西，爲廬州鄰郡。〈國史本傳〉：「和與廬雖鄰郡。」又據《宋史》卷八十八地理四，包公時，和州屬淮南路，轄縣三。

案：和州爲鄰郡，離家不遠，便於照顧父母，本爲妥當安排。但，父母年老，不欲包公行，包公即解官歸養。而父母亡後，廬墓終喪，猶不忍去。由此數事，可見包公實爲一孝子，及出仕後，又爲一忠臣。

久之，赴調，知天長縣。

　　天長縣：唐玄宗天寶元年（西元七四二年）置，原名千秋縣，天寶七載（西元七四八年），更名爲天長縣。揚州廣陵郡屬縣，在揚州西北。今屬安徽省。又據《宋史》卷八十八地理四，包公時，揚州屬淮南路。

案：曾鞏〈孝肅包公傳〉：「知揚州天長縣。」、〈國史本傳〉：「出知揚州天長縣。」，皆可證天長縣爲揚州屬縣。此爲包公首次正式出仕。據《包拯年譜》，是年爲仁宗景祐四年（西元一〇三七年），包公三十九歲。包公二十九歲進士及第，爲孝養父母，遲至三十九歲始出仕。

有盜割人牛舌者，主來訴。拯曰：「第歸，殺而鬻之。」尋復有來告私殺牛者，拯曰：「何爲割牛舌而又告之？」盜驚服。

案：此爲知天長縣時事，爲〈包拯傳〉中，唯一審案記錄。盜能割牛舌，爲何不直接偷牛？此疑與宋代法律有關。蓋殺牛販賣，必得有牛舌，以牛舌爲納稅憑證，無牛舌則爲私宰，觸犯刑律。此盜者和牛主人有仇，欲牛主人不得殺牛，故偷割其牛舌。逮牛主人殺牛鬻之後，有人來告私殺牛。而割牛舌一事，只有牛主人、盜割牛舌者和包公，共三人知，其他人均不知。今有來告私殺牛者，此必爲盜割牛舌者。此爲尋常之理，而盜割牛舌者，慮不及此，故驚服。由此案，可見包公之明智多謀，及其明察秋毫。後人作包公案小說，將諸多奇案掛名包公下，亦是有原因。又《宋史》卷三百三十二列傳第九十一〈穆衍傳〉載：「（穆衍）第進士，調華池令。民牛爲仇家斷舌而不知何人，訟于縣，衍命殺之。明日，仇以私殺告，衍曰：『斷牛舌者乃汝耶？』訊之具服。」據〈穆衍傳〉載穆衍卒於紹聖初，年六十三。考哲宗紹聖初年爲西元一〇九四年。逆數之，穆衍當生

於一〇三二年，即仁宗明道元年。而包公知天長縣為仁宗景祐四年（西元一〇三七年），此時穆衍才六歲，包公不可能學穆衍斷案。余以為此二事或純屬巧合，或穆衍知包公曾用此方法斷案，故學包公斷案。清李慈銘《荀學齋日記》中，謂包拯斷"割牛舌"事，不可信[6]。蓋未能詳考穆衍年齡，故以〈穆衍傳〉所載為真，〈包拯傳〉所載為假。

又案：曾鞏〈孝肅包公傳〉：「久之，知揚州天長縣。有訴盜割牛舌者，拯曰：『第殺而鬻之。』俄有告私屠牛者，拯曰：『已割其舌矣，非私殺也。』盜色變，遂引伏。」〈國史本傳〉：「出知揚州天長縣，有訴盜割牛舌者，拯使歸屠其牛而鬻之，既而有告私殺牛者，拯曰：『何為割某家牛舌而又告之？』盜者驚伏。」包公傳載「盜驚服」，〈國史本傳〉載「盜者驚伏」，語意類似。而曾鞏〈孝肅包公傳〉載：「遂引伏」，言盜者為此事而遭極刑，記載疑有誤。割人牛舌，恐罪不至死。

徙知端州，遷殿中丞。端土產硯，前守緣貢，率取數十倍以遺權貴。拯命製者才足貢數，歲滿不持一硯歸。

端州：隋置。在廣東省高要縣，揚州南境，即今廣東省肇慶縣。又據《宋史》卷九十地理六，端州屬廣南東路，轄縣二。徽宗重和元年（西元一一一八年），賜肇慶府名。

殿中丞：殿中省，丞一人，從五品上，監掌供奉天子玉食、醫藥、服御、幄帟、輿輦、舍次之政令。

---

6 參看蔣華、張海鵬、陳玉璟〈以革命批判精神　還包拯本來面目〉頁25-26。《江淮評論》總21期，1966年第1期。家歓案：經查李慈銘《荀學齋日記》戊集（在《越縵堂日記》第13冊），僅言此事二傳並載之，並未明言包拯事不可信。李慈銘曰：「其（包拯）折獄，史惟載其知天長縣，察盜割牛舌一事。然此事〈穆衍傳〉亦載之，又以為衍幸華池時事。」（《越縵堂日記》頁7533-7534。李慈銘《越縵堂日記》，文光圖書公司52年12月。）

端土產硯：高要縣東南爛柯山（亦名斧柯山）西麓，有端溪，其石為硯，名端硯，至妙。米芾《硯史》謂端溪四岩，以下岩石為最優。

案：今廣東省肇慶縣，七星岩石室東壁，猶有摩崖石刻，為包公遊覽七星岩之題記[7]。又硯洲有包公祠。據《包拯年譜》，是年為仁宗康定元年（西元一〇四〇年），包公四十二歲。命製者才足貢數，使端州百姓減輕負擔，可見包公之愛民，不攀附權貴。不持一硯歸，淡泊物慾，不貪不求，可知包公為官之清廉。又包公在端州時，曾有〈書端州郡齋壁〉五律一首，此為包公僅存詩作。詩云：「清心為治本，直道是身謀。秀幹終成棟，精鋼不作鉤。倉充鼠雀喜，草盡狐兔愁。史冊有遺訓，無貽來者羞。」蓋以清心、直道自勉，秀幹、精鋼自喻。朱熹以此詩為包公布衣時詩[8]，則當作於中進士前。

尋拜監察御史裏行，改監察御史。

監察御史：隋置。掌糾察內外官吏等事。《唐六典》：「監察御史，掌分察百僚、巡按郡縣、糾視刑獄、肅整朝儀。」《宋史》卷一百六十四職官四：「監察御史，六人，掌分察六曹及百司之事，糾其謬誤，大事則奏劾，小事則舉正。迭監祠祭。歲詣三省、樞密院以下輪治。」隸屬御史臺察院。

裏行：官名。唐太宗初置此官，唐有監察御史十員，裏行五員。或以為裏行非正官，無員數。宋仁宗景祐二年（西元一〇三五年），詔置監察御史裏行。《宋史》卷一百六十四職官四：「官卑而入殿中監察御史者，謂之『裏行』。治平四年，中丞王陶言：『奉

---

7 參看李良學〈有關包拯的碑刻〉，《中原文物》總 54 期，1990 年第 4 期。
8 朱熹〈跋所刻包孝肅詩〉，《晦庵別集》卷 4。

詔舉臺官，而才行可舉者多以資淺不應格。』乃詔舉三任以上知縣為『裏行』。」

案：據《包拯年譜》，仁宗慶曆三年（西元一○四三年），包公四十五歲，拜監察御史裏行，仁宗慶曆四年（西元一○四四年），四十六歲，遷監察御史。

時張堯佐除節度、宣徽兩使，右司諫張擇行、唐介與拯共論之，語甚切。

張堯佐：字希元，河南永安人，溫成皇后世父。舉進士，歷憲州、筠州推官。曾拜三司使、戶部侍郎、淮康軍節度使、宣徽南院使等職。堯佐起寒士，頗通吏治，以戚里進，為世所鄙。《宋史》卷四百六十三〈外戚列傳〉上，有傳。

節度使：唐置節度使，為領兵之官。宋置虛銜與定員，以宗室、外戚及功勳顯著者充之。

宣徽使：「宣徽」，原作「宣撫」。鼎文本《宋史》，據《宋史》卷四六三〈張堯佐傳〉、《東都事略》卷七三〈包拯傳〉，改「宣撫」為「宣徽」。宣撫使，宋以為將相重臣總帥征討者之官。隨事即置，事已乃省。宣徽使，唐置宣徽院，分為南北二院，有使各一人，以宦者為之，總領內諸司及三班內侍之籍，郊祀、朝會、宴饗、供帳之事。宋以大臣為宣徽使，位尊而事簡。

右司諫：宋置左、右司諫。《宋史‧職官志》：「司諫，凡朝政闕失，大臣至百官，事有違失，皆得諫正。」

張擇行：字行先，青州益都人。進士起家。曾任監察御史、右司諫。與唐介、包拯共論張堯佐除節度、宣徽兩使不當，語甚切。後知諫院，累遷吏部員外郎，除戶部郎中、集賢殿修撰。《宋史》卷三百一，有傳。

　　唐介：字子方，江陵人。曾為監察御史裏行，轉殿中侍御史。張堯佐驟除宣徽、節度、景靈、群牧四使，介與包拯、吳奎力爭之，又請中丞王舉正留百官班庭論，奪其二使。嘗劾宰相文彥博，直聲動天下。神宗熙寧元年（西元一○六八年），拜參知政事。及王安石執政，介數與安石爭論。介為人簡亢，以敢言見憚。《宋史》卷三百一十六，有傳。

案：《宋史》卷四百六十三〈張堯佐傳〉，載張堯佐曾任宣徽南院使，並未任宣撫使。鼎文本《宋史》，據此改「宣撫」為「宣徽」。時張堯佐亦拜淮康軍節度使，節度使為領兵之官，宣撫使亦為領兵之官，或因此誤以宣徽使為宣撫使。

又案：彈張堯佐為皇祐二年（西元一○五○年），包拯知諫院時事。其證有三：一、《宋史》卷四百六十三〈張堯佐傳〉，張堯佐拜三司使，「明年，諫官包拯、陳升之、吳奎言……」。據此包公彈張堯佐時，身為諫官，並非監察御史。二、《宋史》卷四百六十三〈張堯佐傳〉，仁宗祀明堂後，張堯佐「改戶部侍郎，尋拜淮康軍節度使、群牧制置使、宣徽南院使、景靈宮使、賜二子進士出身」。考《宋史》卷十二〈仁宗本紀〉，載皇祐二年九月辛亥，大饗天地于明堂。然則，張堯佐除節度、宣徽兩使，必在皇祐二年九月後。是年包公五十二歲，知諫院。三、《包拯年譜》，載皇祐二年，包拯知諫院，「潤十一月，上疏〈彈張堯佐〉」、「復上疏論張堯佐除四使不當」。亦可證，彈張堯佐為知諫院時事。就以上三證可知，包拯知諫院後，始上疏彈張堯佐，〈包拯傳〉以彈張堯佐為監察御史時事，誤。又《包孝肅公奏議》第六卷，有〈再彈張堯佐三章〉。

又嘗建言曰：「國家歲賂契丹，非禦戎之策，宜練兵選將，務實邊備。」

案：此為包公之軍事主張。宋建國以來，重文輕武，積弱不振，
　　屢屢見欺於異族。既無力抵擋異族侵略，只得訂下種種不平
　　等條約，以錢帛賄賂契丹。但此終非國家長治久安之策，故
　　包公以為當選兵練將，加強邊防武力，以對抗契丹。此為針
　　對時弊而言。

又請重門下封駁之制，及廢錮贓吏，選守宰，行考試補蔭第子之法。

　　門下：謂門下省。官署名。掌受天下之成事，審命令，駁正
違失，受發通進奏狀，進請寶印。

　　封駁：詔旨有不合者，封還而舉駁之。《宋史·職官志》：「啓
事詔旨，皆付銀臺封駁。」駁，與駮通。

　　贓吏：謂貪官也。

　　補蔭：補，任官也。蔭，由先世遺勳，推恩得官者。

案：此為包公之政治主張，亦為針對時弊而言。重門下封駁之制，
　　則出令謹慎，命令少違失。貪污動搖國本，廢錮贓吏，則政
　　治清明。選守宰，賢能在位，民受其澤。行考試補蔭第子之
　　法，則杜倖進。

**當時諸道轉運加按察使，其奏劾官吏多摭細故，務苛察相高尚，吏
不自安，拯於是請罷按察使。**

　　轉運：舊時輸京糧米，陸運曰轉運。此處謂轉運使。唐置江
淮轉運使，此其命官之始。宋於轉運司設轉運使，其始僅掌軍需
糧餉水陸轉運之事，其後兼理邊防、盜賊、獄訟、錢穀、按廉諸
事，為一路之監司，職任至重。轉運使，《宋史》卷一百六十七職

官七：「掌經度一路財賦，而察其登耗有無，以足上供及郡縣之費；歲行所部，檢察儲積，稽考帳籍，凡吏蠹民瘼，悉條以上達，及專舉刺官吏之事。」

按察使：官名。唐睿宗景雲三年（西元七一二年），置十道按察使，各道一人，分掌巡察。宋以諸路轉運使兼按廉之任，別有提點刑獄官，專察獄訟，以朝臣充之。

細故：小事也。

案：宋太宗淳化四年（西元九九三年）冬十月庚午，始分天下州縣爲十道，諸道置轉運使。設官分職，轉運使、按察使各有職掌。今轉運使加按察使，奪按察使之權，且又以苛察相尚，影響官吏之心，故包公請罷轉運使加按察使，俾轉運使專其職。此爲矯正權職不清之病。

去使契丹，契丹令典客謂拯曰：「雄州新開便門，乃欲誘我叛人，以刺疆事耶？」拯曰：「涿州亦嘗開門矣，刺疆事何必開便門哉？」其人遂無以對。

典客：秦官名，掌諸侯及四方歸化蠻夷。漢景帝中六年（西元前一四八年）改名大行令，武帝太初元年（西元前一○四年）更名大鴻臚。隋唐置典客署，掌四方歸化，在藩者朝貢送迎之事。

雄州：五代周置。故治在今河北省雄縣。在保定府東北百二十里，漢易縣地，屬涿郡。又據《宋史》卷八十六地理二，雄州本唐涿州瓦橋關，屬河北東路。雄州在涿州南，宋領土。

涿州：今河北省涿縣。本漢涿郡，唐置涿州，宋涿州涿水郡，明、清皆屬直隸省順天府。又據《宋史》卷九十地理六，涿州屬燕山府路，轄縣四。又《宋史》卷九十地理六載：「涿州。唐置，石晉以賂契丹。宣和四年，金將郭藥師以州降，賜郡名曰涿水，

升威行軍節度。」考宣和爲徽宗年號，宣和四年爲西元一一二二年，而包公卒於宋仁宗嘉祐七年，西元一〇六二年，故可知包公時，涿州尚非宋朝領土。

案：據《包公年譜》，仁宗慶曆五年（西元一〇四五年），包公四十七歲，出使契丹。雄州新開便門，引起契丹疑慮，以爲宋欲借此誘叛人，刺探邊情，故使典客[9]詰難包公。而包公熟曉邊情，知契丹亦嘗開涿州門，故以涿州嘗開門事，反詰典客，說明雄州新開便門，並非爲刺探邊情。以問代答，使典客啞口無言以對。由此事，可見出包公之機智及熟曉邊情。

歷三司戶部判官，出爲京東轉運使，改尚書工部員外郎，直集賢院，徙陝西，又徙河北，入爲三司戶部副使。

三司：皆理財之官。後唐莊宗同光二年（西元九二四年）正月，救鹽鐵、度支、戶部三司，凡關錢物，並委租庸使管轄。後唐明宗長興元年（西元九三〇年）八月，三司置使。宋初沿五代之制，置使以總國計。置有三司使、三司副使、三司判官、鹽鐵使、度支使、戶部使、三部副使、三部判官。元豐新官制行，罷三司使，並歸戶部。

戶部判官：戶部司判官三人，分掌逐案之事。戶部司分掌五案：戶稅案、上供案、修造案、麴案、衣糧案。舊以朝官充。

京東：宋路名。宋太宗至道三年（西元九九七年）置，在京都開封之東，故名京東。當今河南省及山東省兩省黃河以南，江蘇省北部徐州一帶之地。

轉運使：官名。見前『轉運』註。

---

9 據《包孝肅公奏議》第9卷〈論契丹事宜三章〉，契丹典客爲張宥等人。

尚書工部員外郎：宋置尚書省，分管吏、戶、禮、兵、刑、工六部。工部，掌天下城郭、宮室、舟車、器械、符印、錢幣、山澤、苑囿、河渠之政。其屬三：屯田、虞部、水部。設官十：尚書、侍郎各一人，工部屯田、虞部、水部郎中員外郎各一人。工部員外郎，位次工部郎中，爲工部侍郎之輔佐官。

直集賢院：宋太宗太平興國三年（西元九七八年），置崇文院，隸有史館、昭文館、集賢院。太宗淳化元年（西元九九〇年），詔次三館置直閣、校理，通掌閣事，掌繕寫祕閣所藏。崇文院東廊爲集賢書庫。又：唐玄宗開元中置集賢殿，宋改爲集賢院。

三司戶部副使：戶部司副使一人，通簽逐部之事。舊以員外郎以上充。

案：包公出使契丹歸國後，數年之間，屢屢調職。或在朝，或外放，歷官漸多，任職日久，官職漸高。分析其官職，初在朝任三司戶部判官，爲理財官。後出爲京東轉運使，掌經度一路財賦，再入朝爲工部員外郎，掌營造之政。後除任直集賢院，入館供職。又外放陝西、河北，任轉運使。及再入朝，重在三司任職，已由戶部判官調升戶部副使。又據《包拯年譜》，仁宗慶曆六年（西元一〇四六年），包公四十八歲，春、夏間，除任三司戶部判官；六月，出任京東轉運使；仁宗慶曆七年（西元一〇四七年），四十九歲，四月，爲工部員外郎、直集賢院、陝西轉運使；仁宗慶曆八年（西元一〇四八年），五十歲，五月，改刑部員外郎、直集賢院、河北轉運使，未行；六月，爲三司戶部副使。

秦隴斜谷務造船柴木，率課取於民；又七州出賦河橋竹索，恆數十萬，拯皆奏罷之。

　　秦隴：秦州與隴州，宋屬秦鳳路。皆在今陝西省。隴州在鳳翔府西北，秦州在隴州西，與隴州相鄰。秦州置有轉運司。

　　斜谷務：鳳翔府斜谷造船務，亦即鳳翔府造船場，為當時最大造船場。斜谷，谷名。陝西終南山之谷。在郿縣西南，長四百二十里。據《宋史》卷八十九地理三載，郿縣屬鳳翔府，斜谷亦當屬鳳翔府。《漢書‧公孫賀傳》：「斜谷之木，不足為我械。」斜谷，蓋產木之地。務，官署。郿縣另有鐵冶務。又郿縣西南有斜谷鎮，鎮在斜水邊，斜水北流入渭水。斜谷務疑即在斜谷鎮。

　　七州：永興等七州。包拯〈請權罷陝西州軍科率〉：「時淮三司牒，買修河椿橛四十三萬餘條，亦於永興等七州軍配買，比之常歲，多兩倍已上。」考陝西永興軍路，轄十五州。此七州當皆屬永興軍路。永興軍置有轉運司。

案：此為仁宗慶曆八年（西元一○四八年），包公五十歲，任陝西轉運使時，發現之擾民弊端。包公勘會鳳翔府斜谷造船廠，得知鳳翔府斜谷造船廠，每年造船六百隻，所需材料支官錢收買，及於秦州採斫，民不堪其擾。又得知修河椿橛四十三萬餘條（或做四十五萬餘條），係永興等七州配買，使民疲困，故包公奏罷此二事[10]，除民大害。

契丹聚兵近塞，邊郡稍警，命拯往河北調發軍食。

案：據《包拯年譜》，仁宗皇祐元年（西元一○四九年）二月，契丹與夏人相攻，聚兵近塞。三月，包公受命赴河北提舉糧草。《包孝肅公奏議》卷二，有〈奉詔河北計置斛斗日上殿〉，以為士卒絕糧，勢必生變，宜將河北闕糧州軍兵士，量與移

10　《包孝肅公奏議》第 7 卷，有〈請權罷陝西州軍科率〉。

屯河東或近南有備州軍就糧供贍[11]。

拯曰:「漳河沃壤,人不得耕,邢、洺、趙三州民田萬五千頃,率用牧馬,請悉以賦民。」從之。

　　漳河:亦稱漳水。有濁漳水、清漳水二源。濁漳水,出山西長子縣西五十里之發鳩山;清漳水,出山西樂平縣西南二十里之少山。濁漳水與清漳水,在臨漳縣西會合。此處指河北漳河淤地。

　　邢:州名。隋置。在河北省邢臺縣。邢州屬河北西路,徽宗宣和元年(西元一一一九年),升為信德府,領縣八。

　　洺:州名。後魏時為廣平郡治,北周於郡置洺州。故治即今河北省永年縣。洺州屬河北西路,領縣五。

　　趙:州名。春秋時晉地,戰國屬趙,唐置趙州。故治為河北省趙縣。趙州屬河北西路,徽宗宣和元年(西元一一一九年),升為慶源府,領縣七。

案:《包孝肅公奏議》第七卷,有〈請將邢洺州牧馬地給與人戶依舊耕佃二章〉。由此奏議得知:河北廣平監原有兩監,占邢、洺、趙三州民田,約一萬五千餘頃。後停廢一監,退下七千五百餘頃,出租課佃。年歲深遠,耕為熟田,及作父祖丘塋。後又欲盡起遣佃戶,收其地入官。佃戶不肯起移,鼓司進狀。故包公上疏,建議令佃戶依舊耕佃,供納租課。一年所得,可置數倍鞍馬,公私實為大利。又趙州、刑州、洺州,此三州皆鄰州,趙州在北,邢州在中,洺州在南,皆屬河北西路。

解州鹽法率病民,拯往經度之,請一切通商販。

11　《包孝肅公奏議》第 10 卷,另有〈請支撥汴河糧綱往河北〉,亦與此事有關。

解州：州名。五代漢置。治解縣。宋屬陝西永興軍路，鄰河東路絳州。《宋史》卷八十七地理三：「解州……貢鹽花。縣三：解、聞喜、安邑。」清屬直隸山西省。

案：仁宗皇祐元年（西元一〇四九年），包公五十一歲，任三司戶部副使、工部員外郎。是年十月，奉命往陝西，與陝西轉運司議鹽法[12]。蓋自仁宗慶曆二年（西元一〇四二年）行新鹽法後，差役勞擾，嗟怨之聲，盈於道路。包公曾任陝西轉運使，備知前來鹽法，故遣包公往陝西，與轉運使並提點刑獄范祥面議鹽法利害。范祥擘畫，用舊法通商，久之課額必復其舊，又免民力日困，終成大利。包公以爲范祥所奏，事理頗甚明白，益主祥所變法。《包孝肅公奏議》第三卷，有〈請除范祥陝西轉運副使〉，載敕命「陝西鹽法且依范祥擘畫，通商放行」。范祥新法得以施行。

除天章閣待制，知諫院。數論斥權倖大臣，請罷一切內除曲恩。

天章閣：藏書閣名。真宗天禧四年（西元一〇二〇年）十一月，戶部尚書丁謂等請作天章閣，奉安真宗御集。在會慶殿之西，龍圖閣之北。仁宗即位，修天章閣畢，以奉安真宗御製。以真宗大中祥符元年（西元一〇〇八年），受天書祥符，故曰天章，取爲章于天之義。仁宗天聖八年（西元一〇三〇年）冬十月壬寅，置天章閣待制。仁宗慶曆七年（西元一〇四七年），又置學士、直學士。

待制：官名。唐高宗永徽中置，俾備顧問。宋因其制，於殿閣皆置待制之官，位直學士下。

12　《包孝肅公奏議》第 8 卷，有〈言陝西鹽法二章〉。

知諫院：諫院，諫官之署。宋仁宗明道時，陳執中為諫官，屢請置諫院，於是以門下省為諫院，徙舊省於左掖之西。宋置諫院自此始。《宋史》卷一百六十一職官一：「國初雖置諫院，有知院官凡六人，以司諫、正言充職；而他官領者，謂之知諫院。」包公蓋以天章閣待制領諫院。

案：據《包拯年譜》，仁宗皇祐二年（西元一〇五〇年），包公五十二歲，擢為天章閣待制，知諫院。包公知諫院時，不畏權勢，嘗彈劾郭承祐、王逵、張堯佐、宋庠、李淑、閻士良、劉兼濟等權倖大臣。《包孝肅公奏議》第六卷有〈彈郭承祐二章〉、〈彈王逵七章〉、〈再彈張堯佐三章〉、〈彈宋庠〉、〈彈李淑二章〉、〈請勘閻士良〉、〈論閻士良轉官〉、〈請罷知雄州劉兼濟〉。

又列上唐魏鄭公三疏，願置之坐右，以為龜鑒。又上言天子當明聽納，辨朋黨，惜人才，不主先入之說，凡七事。請去刻薄，抑僥倖，正刑明禁，戒興作，禁妖妄。朝廷多施行之。

魏鄭公：魏徵，封鄭國公，故曰魏鄭公。魏徵，字玄成，鉅鹿曲城人。少孤貧，好讀書。太宗即位，擢拜諫議大夫。貞觀二年（西元六二八年）（《新唐書》作貞觀三年），遷祕書監，參預朝政。貞觀七年（西元六三三年），為侍中。徵曾受詔總纂諸史，作〈隋史序論〉，梁、陳史及齊史總論，時稱良史。史成，進左光祿大夫、封鄭國公。徵事太宗，每犯顏正諫，匡君之違失，約之以禮。嘗上疏，欲君勿忘締構之艱難，居安思危，勸善懲惡，杜悅耳之邪說，聽苦口之忠言。又謂德禮誠信，國之大綱，不可斯須而廢。太宗嘉納其言。年六十四薨，諡文貞。撰有《類禮》二十卷。《舊唐書》卷七十一、《新唐書》卷九十七有傳。唐·尚書吏

部郎中王方慶撰有《魏鄭公諫錄》五卷，於魏徵諫諍之語，摭錄最詳。

　　龜鑒：古人以龜殼卜吉兇，鑒可別美醜，故以龜鑒爲借鑒前事。鑒，鏡也。

案：《舊唐書》卷七十一〈魏徵傳〉錄魏徵所上四疏，首疏謂當鑒隋之所以亡，日慎一日，二、三、四疏皆言治國要道。包公所上唐魏鄭公三疏，或即《舊唐書》所錄之後三疏。明聽納等七事，皆所以知人。請去刻薄諸事，皆治國之方。又據《包拯年譜》，仁宗皇祐三年（西元一〇五一年），包公五十三歲，十一月，奏〈進魏鄭公三疏劄子〉及條陳〈七事〉。當時包公爲天章閣待制，知諫院。《包孝肅公奏議》第一卷有〈進魏鄭公三疏〉，以爲魏徵雖言於當日，亦可行於方今。《包孝肅公奏議》第一卷有〈七事〉，第一事即本傳所謂「明聽納」，第二事即本傳所謂「辨朋黨」，第三事即本傳所謂「惜人才」，第四事即本傳所謂「不主先入之說」，第五、六、七事本傳不載。第五事言推大信於群下，第六事言委任賢才，第七事言寵擢竄逐之臣。

除龍圖閣直學士，河北都轉運使。

　　龍圖閣：宋真宗大中祥符中建。在會慶殿西偏，北連禁中。閣上以奉太宗御書、御製文集、典籍、圖畫、寶瑞之物，及宗正寺所進屬籍、世譜。有學士、直學士、待制、直閣等官。真宗景德元年（西元一〇〇四年）多十月，先置龍圖閣待制。景德四年（西元一〇〇七年）八月，復置龍圖閣直學士。大中祥符三年（西元一〇一〇年）秋七月，後置龍圖閣學士。

　　直學士：官名。唐置。凡官資較淺者，初入直館閣，爲直學

士。位在學士下，待制上。真宗景德四年（西元一〇〇七年）八月丁巳，置龍圖閣直學士，以右諫議大夫杜鎬爲之。

都轉運使：官名。位在轉運使上。有軍旅之事，或置都轉運使，總合諸路事體。廢置不常。《宋史》卷一百六十七職官七：「有軍旅之事，則（轉運使）供餽錢糧，或令本官隨軍移運，或別置隨軍轉運使一員，或諸路事體當合一，則置都轉運使以總之。隨軍及都運廢置不常，而正使不廢。」

案：據《包拯年譜》，仁宗皇祐四年（西元一〇五二年），包公五十四歲，三月，出爲龍圖閣直學士、河北都轉運使。

嘗建議無事時徙兵內地，不報。至是，請：「罷河北屯兵，分之河南兗、鄆、齊、濮、曹、濟諸郡，設有警，無後期之憂。借曰戍兵不可遽減，請訓練義勇，少給餽糧，每歲之費，不當屯兵一月之用，一州之賦，則所給者多矣。」不報。

兗：州名。古九州之一。周以後皆置兗州，惟疆域治所，歷代不同。劉宋時，移治瑕邱，即今山東省滋陽縣，後世遂以其地爲兗州。兗州屬京東西路。真宗大中祥符元年（西元一〇〇八年），升爲大都督。徽宗政和八年（西元一一一八年），升爲襲慶府。轄縣七。

鄆：州名。隋置。治鄆城，在今山東省鄆城縣東。唐徙治須昌，在今山東省東平縣西北。鄆州屬京東西路。仁宗慶曆二年（西元一〇四二年），初置京東西路安撫使。徽宗大觀二年（西元一一〇八年），升大都督府。徽宗政和四年（西元一一一四年），移安撫使於應天府。徽宗宣和元年（西元一一一九〇年），改爲東平府。轄縣六。鄆州在兗州西，與兗州相鄰。

齊：州名。後魏置。在今山東省歷城縣。齊州屬京東東路。

徽宗政和六年（西元一一一六年），升爲濟南府。轄縣五。齊州在兗州北，與兗州相鄰。

　　濮：州名。隋置。唐復改爲濮陽郡，宋曰濮州濮陽郡。明、清皆屬山東省曹州府。濮州屬京東西路。轄縣四。濮州在鄆州西南，與鄆州相鄰。

　　曹：州名。北齊置。春秋曹國。故治在今山東省曹縣地。曹州屬京東西路。徽宗建中靖國元年（西元一一〇一年），改賜軍額曰興仁。徽宗崇寧元年（西元一一〇二年），升曹州爲興仁府。轄縣四。曹州在濮州西南，與濮州相鄰。

　　濟：州名。五代、周置。在今山東省鉅野縣。濟州屬京東西路。轄縣四。濟州在鄆州南，與鄆州相鄰。濟州東鄰兗州，西鄰濮州。

　　餱糧：糧粮也，乾食也。《詩‧大雅‧公劉》：「迺裹餱糧，于橐于囊。」乾食可置於囊橐，便於攜帶。

案：自後晉割燕雲十六州與契丹，山險爲其所有，河北盡在平地，無險可守。爲阻契丹入侵，北宋於河北諸州駐軍約二十萬人，軍糧一年約支出七百萬石。而軍隊糧餉，軍費開支，皆仰賴地方供給，人民負擔極重。而爲鞏固邊防，以水設險，沿邊沃壤，盡爲陂塘。且又廣設牧地，豢養戰馬，農地縮減。包公爲河北都轉運使，知民困苦，故主張除防守兵馬外，諸軍分屯河南各州，三年一代，以省軍費。如朝廷顧慮防邊兵力不足，可以義勇十八萬餘人代邊兵，就糧兵士一月之費，可充鄉兵一歲之用，費用較省。然朝廷皆不採納。《包孝肅公奏議》第八卷有〈請邢移河北兵馬事兩章〉，第九卷有〈請再移邢河北兵馬及罷公用回易〉，即包拯所上奏章。又所謂河南諸郡，如以鄆州爲中心，此六州位置爲：齊州在鄆州西

北，兗州在鄆州東，濟州在鄆州南，濮州在鄆州西南。曹州在濮州西南，與濮州相鄰。此六州，皆屬京東路，爲相鄰之州。

徙知瀛州，諸州以公錢貿易，積歲所負十餘萬，悉奏除之。

瀛州：州名。後魏置。在今河北省河間縣地。瀛州屬河北東路。徽宗大觀二年（西元一一〇八年），升爲河間府。轄縣三。

案：據《包拯年譜》，仁宗皇祐四年（西元一〇五二年），包公五十四歲，七月，徙高陽關路都部署兼安撫使，知瀛州。考《宋史》卷八十六地理二，載仁宗慶曆八年（西元一〇四八），始置高陽關路安撫使，統瀛、莫、雄、貝、冀、滄、永靜、保定、乾寧、信安一十州軍。《包孝肅公奏議》第七卷有〈請放高陽一路欠負〉，請除放十一州軍諸般欠負，即任高陽關路安撫使、知瀛州時，奏除諸州欠負之事。《包孝肅公奏議》第七卷又有〈論瀛州公用〉，亦爲知瀛州時所奏。又據《宋史‧地理志》，高陽關路安撫使統瀛、莫、雄、貝、冀、滄、永靜、保定、乾寧、信安一十州軍，而包公奏議請〈放高陽一路欠負〉言請除放十一州軍欠負，疑「十一州軍」應爲「一十州軍」。

以喪子乞便郡，知揚州，徙廬州，遷刑部郎中。

揚州：州名。在今江蘇省江都縣西南。揚州爲古九州之一，原指江南之地，疆土愈後愈狹，治所代有變遷。包公時，揚州屬淮南路，神宗熙寧五年（西元一〇七二年）後，屬淮南東路。轄江都縣。南渡後，增縣二：廣陵、泰興。揚州東鄰泰州，西鄰真州，北爲高郵軍，南爲兩浙路之常州。

刑部郎中：刑部，官署名，為六部之一。掌刑法、獄訟、奏讞、赦宥、敘復之事。其屬三：都官、比部、司門。設官十三：尚書一人，侍郎二人；刑部郎中二人、員外郎二人；都官、比部、司門，各郎中一人、員外郎一人。刑部郎中二人，分左右廳，掌詳覆、敘雪之事。

案：據《包拯年譜》，仁宗皇祐五年（西元一〇五三年），包公五十五歲，喪子，知揚州，旋改廬州。仁宗至和元年（西元一〇五四年），包公五十六歲，遷刑部郎中。廬州雖為包公故里，包公仍秉公治事，無所偏私。王禹玉曰：「包希仁知廬州，廬州即鄉里也。親舊多乘勢擾官府。有從舅犯法，希仁戮之，自是親舊皆屏息。」（《涑水紀聞》卷九）。又包公長子包繶，董氏所生，為太常寺太祝，通判潭州，是年卒。

坐失保任，左授兵部員外郎，知池州。復官，徙江寧府，召權開封府，遷右司郎中。

保任：推舉官吏。《大學衍義補》：「宜令舉主為初舉之時，明具保任連坐之狀。」若推舉官吏不當，舉主需連坐負責，以免舉主任意推舉官吏。

兵部員外郎：兵部，官署名，隋置，為六部之一。掌兵衛、儀仗、鹵簿、武舉、民兵、廂軍、土軍、蕃軍，四夷官封承襲之事，輿馬、器械之政，天下地土之圖。其屬三：職方、駕部、庫部。設官十：尚書一人、侍郎一人；四司郎中、員外郎各一人。兵部員外郎，兵部編制員額外之屬官。隋文帝開皇六年（西元五八六年）初置。參掌本部長貳之事。

池州：州名。唐高祖武德四年（西元六二一年）置。在今安徽省貴池縣。池州屬江南東路。建康路安撫使兼知池州。轄縣六。

江寧府：府名。蓋即今南京市一帶。江寧府屬江南東路。宋太祖開寶八年（西元九七五年），平江南，復爲昇州節度。真宗天禧二年（西元一〇一八年），升爲建康軍節度。舊領江南東路兵馬鈐轄。轄縣五。

開封府：府名。戰國時，爲魏都，稱大梁。唐初置汴州，五代朱梁建都，升東京開封府。故治在今河南省開封縣。開封府屬京畿路。轄縣十六。北宋建都開封，以開封府爲東京。

右司郎中：原名右司郎，隋置，唐太宗貞觀二年（西元六二八年）改爲右司郎中。尚書省之屬官，輔佐右丞。尚書省掌施行制命，舉省內綱紀程式，受付六曹文書，聽內外辭訴，奏御史失職，考百官庶府之治否，以詔廢置、賞罰。設官九：尚書令、左右僕射、左右丞、左右司郎中、員外郎各一人。左司郎中、右司郎中各一人，掌受付六曹之事，而舉正文書之稽失，分治省事：左司治吏、戶、禮、奏鈔、班簿房，右司治兵、刑、工、案鈔房，而開拆、制敕、御史、催驅、封樁、印房，則通治之，有稽滯，則以期限舉催。

案：包拯在仁宗至和二年（西元一〇五五年）、仁宗嘉祐元年（西元一〇五六年）此兩年中，屢次遷調。據《包拯年譜》，仁宗至和二年（西元一〇五五年），包公五十七歲，十二月，降爲兵部員外郎，知池州。此爲包公出仕以來，首次貶官。蓋因包公任陝西轉運使時，推舉鳳翔監稅、柳州軍事判官盧士安不當，故降官知小郡。仁宗嘉祐元年（西元一〇五六年），包公五十八歲，八月，復爲刑部郎中，徙知江寧府。同年十二月，遷右司郎中，權知開封府。貶官時間，從十二月至隔年八月，僅八個月。又池州、江寧府同屬江南東路，池州東北鄰太平州，太平州東北鄰江寧府。

拯立朝剛毅，貴戚宦官爲之斂手，聞者皆憚之。人以包拯笑比黃河清，童稚婦女，亦知其名，呼曰「包待制」。京師爲之語曰：「關節不到，有閻羅包老。」

包待制：仁宗皇祐二年（西元一〇五〇年），包公五十二歲，擢爲天章閣待制。任待制時，曾上〈進魏鄭公三疏〉及條陳〈七事〉。

閻羅包老：閻羅，梵語之漢譯，即閻羅王，爲地獄之主。閻羅本義爲雙王，以兄妹二人同作地獄之主。閻羅包老，謂閻羅王與包拯，或以爲包拯之綽號。

關節：關，說也。節，通也。託人關說，以通賄賂，謂之關節。《資治通鑑‧唐憲宗紀》注：「唐人謂相屬請爲關節，此語至今猶然。」

案：仁宗嘉祐元年（西元一〇五六年），包公五十八歲，十二月，權知開封府。仁宗嘉祐三年（西元一〇五八年），包公六十歲，六月，遷諫議大夫，權御史中丞，離開封府。包公權知開封府約十八個月，尚不足二年。任職雖短，政績顯著，聲名遠播，故曾知開封府者雖多，惟包公至今猶有盛名。包公知開封府時，不畏權勢，雖達官貴人，有錯亦法辦，故聞者憚之。包公極爲嚴肅，罕見其笑容，故人以包公笑比黃河清。沈括《夢溪筆談》亦曰：「孝肅天性峭嚴，未嘗有笑容，人謂：包希仁笑比黃河清。」（卷二十二）包公剛毅正直，爲官清廉，雖童稚婦女，亦知其名，以包公曾任天章閣待制，故呼爲包待制。包公鐵面無私，拒絕關說，不收賄賂，同於閻羅王，故曰關節不到，有閻羅包老。閻羅王爲陰間之主，人雖欲賄賂，亦不得其門而入。包公爲陽間清官，廉潔不取，

亦無法關說。又《宋史》卷三百一十九〈歐陽脩傳〉:「加龍
圖閣學士,知開封府,承包拯威嚴之後,簡易循理,不求赫
赫名,京師益治。」由歐陽脩傳[13]所載,可知包公知開封府
時,以威嚴治理。

**舊制,凡訟訴不得徑造庭下。拯開正門,使得至前陳曲直,吏不敢
欺。中官勢族築園榭,侵惠民河,以故河塞不通,適京師大水,拯
乃悉毀去。或持地券自言有偽增步數者,皆審驗劾奏之。**

　　地券:土地所有權之證明書,即今土地所有權狀。

案:以上三事,皆為包公知開封府時之政績。其一和司法有關。
　　包公更易舊有審案制度,革新便民。依舊制,訴訟者必先經
　　由吏這關,始得上堂。則吏或百般刁難,或收受賄賂,中飽
　　私囊。而包公敞開正門,訴訟者得直接至前陳說,言其曲直,
　　則真相易明,不被蒙蔽。其二和權貴有關。中官園榭阻塞河
　　道,大水來時,無法宣洩,造成災害。包公以百姓為念,不
　　畏權勢,毀去中官園榭,暢通河道,使民不受水災之苦。其
　　三和地政有關。偽增步數者,意在欺騙,以獲不當利益。而
　　包公審驗劾奏之,得以知其真,除其偽,使欺騙者,無以達
　　其目的。以上三事,皆以仁心行仁政,察知民瘼,去害興利,
　　庶幾無愧為民父母。所謂,爾俸爾祿,民脂民膏,今之為官
　　者,得無愧乎。

遷諫議大夫,權御史中丞。

　　諫議大夫:官名。秦置諫議大夫,掌論議,無常員。東漢光武

---

13 歐陽脩於宋仁宗嘉祐二年(西元 1057 年),權知開封府。

帝改爲諫議大夫，亦無常員。唐高宗龍朔中，屬中書省，唐玄宗
開元後，歸門下省，掌侍從規諫。宋置左右諫議大夫，左諫議大
夫一人屬門下省，右諫議大夫一人屬中書省，與散騎常侍、司諫、
正言，同掌規諫諷諭。《宋史》卷一百六十一職官一：「凡朝政闕
失，大臣至百官任非其人，三省至百司事有違失，皆得諫正。」

　　御史中丞：官名。漢御史大夫，位列三公，其屬有御史中丞。
御史中丞在殿中蘭臺，掌圖籍秘書，外督部刺史，內領侍御史十
五員，受公卿奏事，舉劾案章，蓋居殿中察舉非法也。唐制，御
史臺置大夫一人，中丞爲之貳。宋御史臺掌糾察官邪，肅正綱紀。
大事則廷辨，小事則奏彈。置中丞一人，爲臺長。《宋史》卷一百
六十一職官四：「凡除中丞而官未至者，皆除右諫議大夫權。」
案：據《包拯年譜》，仁宗嘉祐三年（西元一○五八年），包公六
　　十歲，六月，遷諫議大夫，權御史中丞。宋有左右諫議大夫，
　　考包公權御史中丞，據《宋史》卷一百六十一職官四所載，
　　當是遷右諫議大夫，屬中書省。〈國史本傳〉亦載：「嘉祐三
　　年（西元一○五八年），除右諫大夫，權御史中丞。」《包孝
　　肅公奏議》第一卷有〈請建太子〉，蓋即是年所上。

**奏曰：「束宮虛位日久，天下以爲憂，陛下持久不決，何也？」仁宗
曰：「卿欲誰立？」拯曰：「臣不才備位，乞豫建太子者，爲宗廟萬
世計也。陛下問臣欲誰立，是疑臣也。臣年六十，且無子，非邀福
者。」帝喜曰：「徐當議之。」**

　　東宮：太子所居之宮，又以爲太子之稱。《左傳‧隱公三年》
疏：「四時東爲春，萬物生長在東。秋爲西，萬物成就在西。以此
君在西宮，太子常處東宮也。」《書言故事‧人君類》：「太子曰東
宮。」

案：包公五十五歲喪子，故曰「臣年六十，且無子」。考包公嘉祐
　　七年（西元一○六二年）卒，卒時次子綬（原名綖，後改名
　　綬），年方五歲，則綬當生於嘉祐三年（西元一○五八年），
　　包公六十歲時。或綬生於上〈請建太子〉疏之後。仁宗有三
　　子，長子褒王昉，出生之日即死亡。《宋史》卷十〈仁宗本
　　紀〉載，景祐四年（西元一○三七年），「五月庚戌，皇子生，
　　錄繫囚，降死罪一等，流以下釋之。是日皇子薨。」次子壽
　　國公昕，寶元二年（西元一○三九年）八月甲戌生。康定元
　　年（西元一○四○年）秋七月戊寅，為忠正軍節度使，封壽
　　國公。慶曆元年（西元一四一年）二月己亥薨。三子曦，亦
　　早亡。哲宗元符三年（西元一一○○年），徽宗即位，長子
　　昉改封楊王，次子昕改封雍王，三子曦改封荊王。《宋史》
　　卷二百四十五宗室二：「仁宗三子：長楊王昉，次雍王昕，
　　次荊王曦，皆早亡。徽宗時改封。」又《宋史》卷十九〈徽
　　宗本紀〉，元符三年（西元一一○○年）正月己卯，哲宗崩，
　　徽宗即位。三月「辛未，詔追封祖宗諸子光濟等三十三人為
　　王，女四十八人為公主。」包公嘉祐七年（西元一○六二年）
　　五月庚午卒，八月己卯，仁宗詔以宗實為皇子。包公生前，
　　未得見立太子。宗實，為濮安懿王允讓第十三子，仁宗景祐
　　三年（西元一○三六年），賜名宗實。嘉祐七年（西元一○
　　六二年）八月戊寅，立為皇子。癸未，改名曙。嘉祐八年（西
　　元一○六三年），仁宗崩，曙即帝位，是為英宗。《宋史》卷
　　十三〈英宗本紀〉載：「（嘉祐）八年，仁宗崩。夏四月壬申
　　朔，皇后傳遺詔，命帝嗣皇帝位。」

又案：仁宗似早已有意立宗實為皇子，故包公乞豫建太子，仁宗
　　曰：「徐當議之。」而《宋史》卷十三〈英宗本紀〉亦載：「嘉

祐中，宰相韓琦等請建儲，仁宗曰：『宗子已有賢知可付者，卿等其勿憂。』」似成竹在胸，早有定見。又《包孝肅公奏議》第一卷〈請建太子〉曰：「但以東宮虛位日久，天下之心憂危至切。雖前後臣僚論列者多矣，卒不聞有所處置，未審聖意持久不決者何也？」與包公本傳所載，文字稍異。而由仁宗與包公君臣對答中，可見包公請豫建太子，是爲宗廟萬世計，忠心耿耿，並無私心。

請裁抑內侍，減節冗費，條責諸路監司，御史府得自舉屬官，減一歲休暇日，事皆施行。

監司：官名。謂監察州郡之官。監司之名始於晉，原指刺史而言。宋置諸路轉運使，兼帶按察之任，謂之監司。

御史府：御史所居之署，謂之御史府。

案：此當爲包公任諫議大夫時，上疏建議之五事。皇宮內事務煩雜，自需內侍協助處理。然內侍人數過多，耗費必大，故包公以爲當裁抑內侍，維持適當人數，足夠差遣即可。冗費爲浪費、不必要之開支，影響國家財政。而不當支出過多，賦稅必重，百姓窮困，故包公建議減省冗費。必要之開支，固不得減省。宋諸路轉運使加按察使，兼按廉之任，如尸位素餐，曠廢職守，自當條責之，不可寬貸。御史負糾彈官員之責，御史府若能自舉屬官，人事獨立，則有助御史權之伸張。朝廷設官分職，官員有固定上班時間，處理公務。十日一休，再加上國家慶典、節日，休假過多，必影響政務，故包公建議減一歲休暇日，使官員勤於政務。以上五建議皆合於情理，論卑易行，故朝廷採納其建議。

又案：諸道轉運使加按察使，奏劾官吏多摭細故，務苛察，吏不

自安。包公任監察御史時，曾請罷轉運使加按察使，蓋未被朝廷採納。

張方平爲三司使，坐買豪民產，拯劾奏罷之。而宋祁代方平，拯又論之，祁罷，而拯以樞密直學士權三司使。歐陽脩言：「拯所謂牽牛蹊田而奪之牛，罰已重矣，又貪其富，不亦甚乎！」拯因家居避命，久之乃出。

張方平：字安道，號樂全居士。南京人。少穎悟絕倫，凡書皆一閱不再讀。舉茂材異等，又中賢良方正。曾知諫院，權知開封府，拜御史中丞，改三司使。英宗即位，遷禮部尚書。神宗即位，拜參知政事。哲宗元祐六年（西元一○九一年），薨，年八十五。諡曰文定。方平慷慨有氣節，王安石方用事，嶷然不小屈，以是望高一時。著有《樂全集》。

三司使：《宋史》卷一百六十二職官二：「使一人，以兩省五品以上及知制誥、雜學士、學士充。亦有輔臣罷政外出，召還充使者。使闕，則有權使事；又闕，則有權發遣公事。掌邦國財用之大計，總鹽鐵、度支、戶部之事，以經天下財賦而均其出入焉。」

宋祁：字子京。安州安陸人。與兄庠同時舉進士。累遷龍圖閣學士、史館修撰。與歐陽脩同修《新唐書》，爲列傳百五十卷。《唐書》成，遷左丞，進工部尚書，拜翰林學士承旨。卒諡景文。祁能文，善議論。預修籍田記、集韻。又撰《大樂圖》二卷，文集百卷。

樞密直學士：即樞密院簽書院事，位次於樞密副使。樞密院，官署名。唐代宗永泰元年（西元七六五年），始置內樞密使。以宦者爲之，職掌承受表奏。宋朝樞密院與中書省，對持文武二柄，號爲「二府」。《宋史》卷一百六十二職官二：「樞密院掌軍國機務、

兵防、邊備、戎馬之政令，出納密命，以佐邦治。凡侍衛諸班直、內外禁兵招募、閱試、遷補、屯戍、賞罰之事，皆掌之。」樞密院有樞密使、知院事、同知院事、樞密副使、簽書院事、同簽書院事等官。太宗太平興國四年（西元九七九年），以石熙載為樞密直學士，以簽書院事。直學士六人，備顧問應對，然未嘗盡除，簽書之名始此。《宋史》卷一百六十二職官二：「國初，官無定制，有使則置副，有知院則置同知院，資淺則用直學士簽書院事。」

牽牛蹊田：蹊，徑也。蹊田，謂踐踏人之田。《左傳‧宣公十一年》：「牽牛以蹊人之田，而奪之牛。牽牛以蹊者，信有罪矣。而奪之牛，罰已重矣。」

案：據《包拯年譜》，仁宗嘉祐四年（西元一〇五九年），包公六十一歲，三月，上疏彈張方平、宋祁，為樞密直學士、權三司使。《宋史》卷二百八十四〈宋祁傳〉：「尋除三司使。右司諫吳及嘗言祁在定州不治，縱家人貸公使錢數千緡，在蜀奢侈過度。既而御史中丞包拯亦言祁益部多游燕，且其兄方執政，不可任三司。」包拯彈張方平、宋祁，或據實而言，大公無私，心地光明。然張、宋二人方因包公彈劾，罷去三司使，包公即貿然接任三司使。似乎彈劾二人，為貪三司使之位，如此毫不避嫌，豈能杜天下悠悠之口？歐陽脩所言，並非無的放矢。考包公五十七歲，坐失保任，左授兵部員外郎，知池州時，歐陽脩曾上疏言包公「清節美行，著自貧賤，讜言正論，聞于朝廷」，諫請朝廷進擢包拯等四人。歐陽脩與包公，似無私人恩怨。歐陽脩所謂貪其富云云，蓋亦當時公論。又《歐陽文忠公文集》卷一一一〈論包拯除三司使上書〉載：「此所謂蹊田奪牛，豈得無過，而整冠納履，當避可疑者也。」與《宋史‧包拯傳》所載歐陽脩語，文字稍異。

又案:「牽牛蹊田」,典出左傳。《左傳‧宣公十一年》:「冬。楚子
為陳夏氏亂故,伐陳。謂陳人無動,將討少西氏。遂入陳,
殺夏徵舒,轘諸栗門。因縣陳。陳侯在晉。申叔時使於齊反,
復命而退。王使讓之曰:『夏徵舒為不道,弒其君。寡人以
諸侯討而戮之,諸侯縣公皆慶寡人,女獨不慶寡人,何故?』
對曰:『猶可辭乎?』王曰:『可哉。』曰:『夏徵舒弒其君,
其罪大矣。討而戮之,君之義也。抑人亦有言曰:「牽牛以
蹊人之田,而奪之牛。牽牛以蹊者,信有罪矣。而奪之牛,
罰已重矣。」諸侯之從也,曰:「討有罪也。」今縣陳,貪
其富也。以討招諸侯,而以貪歸之,無乃不可乎?』王曰:
『善哉。吾未之聞也。反之可乎?』對曰:『可哉。吾儕小
人所謂取諸其懷而與之也。』乃復封陳。」入陳,殺夏徵舒,
猶奪之牛,罰已重矣。縣陳,則為貪其富。歐陽脩引此典故,
蓋謂包公彈張、宋二人,猶奪之牛。包公權三司使,則為貪
其富。指出包公當避嫌疑,不應權三司使。

**其在三司,凡諸筦庫供上物,舊皆科率外郡,積以困民,拯特為置
場和市,民得無擾;吏負錢帛多縲繫,間輒逃去,並械其妻子者,
類皆釋之。**

　　筦庫:筦,管理也,與管同。庫,舍也,貯物之舍。筦庫,
謂管理倉庫之吏。
　　供上物:三司戶部司有上供案,掌諸州上供錢帛。
　　科率:科,課也。率,計也,計數之名。
　　縲繫:縲,黑繩索。繫,拘繫。古獄以黑索拘罪人,後用以
指牢獄。或作縲泄、縲絏。
案:此為包公為三司使時,所興革之二事。其一與財政有關,筦

庫供上物，舊法爲科率外郡，則官吏或假借職權，從中謀利，欺壓百姓。包公特爲置場、市，則筭庫供上物，皆可得之於場、市，百姓不受其擾。其二可見包公爲官之寬厚。吏如欠負錢帛，多有牢獄之災。偶有逃去，無法逮捕者，或械其妻子。而包公以爲吏欠負錢帛，出於不得已，並非貪贓枉法，且罪不應及於妻子，故類此者皆釋之。

遷給事中，爲三司使，數日，拜樞密副使。頃之，遷禮部侍郎，辭不受。尋以疾卒，年六十四。贈禮部尚書，謚孝肅。

給事中：官名。秦置，爲加官。所加或大夫、博士、議郎。掌顧問應對，侍從左右。以有事殿中，故曰給事中。至隋始定爲門下之官，以省讀奏案。唐、宋因之。給事中蓋因秦之名，用隋之職。《宋史》卷一百六十一職官一：「（門下省）給事中四人，分治六房，掌讀中外出納，及判後省之事。若政令有失當，除授非其人，則論奏而駁正之。凡奏章，日錄目以進，考其稽違而糾治之。」

樞密副使：樞密院官名。位次於同知院事。參看「樞密直學士」註。

禮部侍郎：禮部，官署名。六部之一。後周始有禮部之名，隋以來因之。《宋史》卷一百六十三職官三：「禮部掌國之禮樂、祭祀、朝會、宴饗、學校、貢舉之政令。……其屬三：曰祠部，曰主客，曰膳部。設官十：尚書、侍郎各一人，郎中、員外郎四司各一人。」禮部侍郎，隋煬帝置，位次於禮部尚書。掌策試貢舉及齋郎弘崇國子生等事。《宋史》卷一百六十三職官三：「侍郎奏中嚴外辦，同省牲及視饌腥熟之節：祼，受瓚奉槃。」

禮部尚書：官名。隋置。主管禮部。《宋史》卷一百六十三

職官三：「尚書掌禮樂、祭祀、朝會、宴享、學校、貢舉之政令，侍郎爲之貳，郎中、員外郎參領之。」

　　孝肅：諡法：「五宗安之曰孝。慈惠愛親曰孝。秉德不回曰孝。協時肇厚曰孝。大慮行節曰孝。剛德克就曰肅。」

案：據《包拯年譜》，仁宗嘉祐六年（西元一〇六一年），包公六十三歲，四月，遷給事中、三司使，繼拜樞密副使。包公曾上疏請免樞密副使，不允。《包拯年譜》未載遷禮部侍郎事。包公既不欲拜樞密副使，上疏請免，則自亦不欲爲禮部侍郎，故辭不受。又關於包公卒年，本傳第言包公年六十四卒，未明言卒年。《宋史》卷十二〈仁宗本紀〉載嘉祐七年（西元一〇六二年）五月庚午，包拯卒。曾鞏〈孝肅包公傳〉，亦言包公卒於嘉祐七年。〈國史本傳〉：「上幸其第臨奠，輟視朝一日。」蓋傷其卒。又吳奎〈包拯墓志銘〉載：「七年五月己未，方視事，疾作以歸。上遣使賜良藥。辛未，遂以不起聞。」則是己未日（十三日）疾作，十二日後，辛未日（二十五日）卒。〈仁宗本紀〉載「五月庚午，包拯卒」，庚午（二十四日）爲辛未前一日，與吳奎所記差一日。又〈國史本傳〉：「一日，暴得疾，歸，遂卒。」實際上，是得疾後十二日卒。又或疑包公既爲忠臣，又爲清官，且權知開封府時，頗有政績，何以未能拜相？考包公雖在二十九歲舉進士，然爲孝養雙親，未能出仕。待父母雙亡，廬墓終喪後，始正式出仕。出仕之時，已三十九歲。而包公年六十四歲卒，實際仕宦生涯，僅二十五年，時間較短，尚不足以拜相。且包公六十三歲時，拜樞密副使，遷禮部侍郎，朝廷似有意重用，然以得疾卒，無由執政。

又案：曾鞏〈孝肅包公傳〉：「嘉祐六年（西元一〇六一年），遷給

事中正三司使，數日，拜樞密使，遷侍郎，辭不受，七年，薨於位。年六十四。」曾鞏此文有二誤：一、「正三司使」，應是「爲三司使」。「正」字，訛。二、據《宋史》卷十二〈仁宗本紀〉載嘉祐六年，夏四月庚辰，以包拯爲樞密副使。吳奎〈包拯墓志銘〉，亦作「宋故樞密副使」。張田〈宋故永康郡夫人董氏墓志銘〉，亦載「故樞密副使、贈禮部尙書、孝肅包公之妃、永康郡夫人董氏」。曾鞏謂「拜樞密使」，誤，應爲「樞密副使」。

拯性峭直，惡吏苛刻，務敦厚，雖甚嫉惡，而未嘗不推以忠恕也。與人不苟合，不僞辭色悅人，平居無私書，故人、親黨皆絕之。雖貴，衣服、器具、飲食如布衣時。

峭直：峭，峻也。峭直，嚴峻也。

案：此爲包公生平較爲特殊之三事。一、言其個性及待人處事。吏苛刻，則民必深受其害，故包公務敦厚，使吏不得苛刻。惡者固當嫉之，然爲惡者，或出於饑寒所迫，其本性良善，故包公必推之以忠恕。盡己之謂忠，如心爲恕，正所謂將心比心。二、言其持身之嚴。心有定見，見遠識精，故與人不苟合。巧言令色者，有求於人，故僞其色，虛其辭。包公無求於人，不僞辭色以媚人。包公爲諫官、監察御史頗久，彈劾官員亦多。蓋懼人關說，因而與故人親黨絕，不相往來。平居無私書，原因亦同。三、言其雖富貴，不圖享受。君子處貧賤易，處富貴難。人方貧賤時，衣服、器具、飲食皆無力講求，及其富貴利達，則務求華服、美食，器具精美。富貴不易其操，甘於惡衣惡食，一如布衣時，亦難能可貴。

嘗曰:「後世子孫仕宦,有犯贓者,不得放歸本家,死不得葬大塋中。不從吾志,非吾子若孫也。」

　　犯贓者:納賄曰贓。犯贓者,蓋指為官貪污者。〈孝肅包公家訓〉作「犯贓濫者」,語意較明。

　　大塋:塋,墓地。大塋,謂家族墓地,祖墳也。

　　若孫:廣韻:「若,汝也。」若孫,汝孫也。此家訓應為包公對長子包繶所言,故云:「不從吾志,非吾子汝孫也。」〈孝肅包公家訓〉作「非吾子孫」,無「若」字。

案:包公卒後,歸葬合肥縣公城鄉公城里。包公長媳崔氏〈崔節
　　婦墓誌銘〉載:「合葬于盧州合肥縣公城鄉公城里先塋之次。」
　　崔氏繼子包永年〈包公(永年)墓誌銘〉載:「歸葬於合肥
　　縣公城鄉東村祖塋之次。」包公次子包綬〈包公(綬)墓誌
　　銘載〉:「葬公于合肥縣公城鄉東村,實先塋之次。」由以上
　　資料,得知包公祖墳在合肥縣公城鄉公城里,子孫死後,皆
　　歸葬祖墳。又由包公遺訓,可見包公極痛恨貪官污吏,故子
　　孫如有貪贓枉法者,死後不得歸葬於祖墳之中。又據「非吾
　　子若孫也」數字,可推知此家訓為包公五十五歲前,對長子
　　包繶所言。因包公六十四歲卒時,次子包綬年方五歲,似非
　　能受家訓者。《包拯年譜》後附有〈包拯"家訓"考〉,云:
　　「故推斷包拯垂訓,當在其長子包繶去世前。」亦以此為包
　　公五十五歲前,對長子垂訓。

又案:宋高宗紹興二十七年(西元一一五七年),盧州重刻《孝肅
　　包公奏議集》附有〈孝肅包公遺事〉,其中有〈孝肅包公家
　　訓〉一則,錄之於下:「後世子孫仕宦,有犯贓濫者,不得
　　放歸本家;亡歿之後,不得葬於大塋之中。不從吾志,非吾

子孫。仰珙刊石，豎于堂屋東壁，以詔後世。」此文與《宋史‧包拯傳》所載稍異。或以爲〈家訓〉非包公所作[14]。

初，有子名繶，娶崔氏，通判潭州，卒。崔守死，不更嫁。拯嘗出其媵，在父母家生子，崔密撫其母，使謹視之。繶死後，取媵子歸，名曰綖。

繶：履之牙底相接縫中，有緇黑色圓絲繩曰繶。《周禮、天官、履人》：「赤繶黃繶。」注：「繶，縫中紃。」疏：「繶，是牙底相接之縫，綴絛於其中。」履之底形似牙，故曰牙底。

通判：官名。宋太祖乾德初始置諸州通判，佐郡守。員額視州大小而定。《宋史》卷一百六十七職官七：「時大郡置兩員，餘置一員，州不及萬戶不置，武臣知州，小郡亦特置焉。其廣南小州，有試秩通判兼知州者。職掌倅貳郡政，凡兵民、錢穀、戶口、賦役、獄訟聽斷之事，可否裁決，與守臣通簽書施行。所部官有善否及職事修廢，得刺舉以聞。」

潭州：州名。春秋戰國時屬楚，秦爲長沙郡，隋文帝滅陳，廢郡改州，曰潭州。故治在今湖南省長沙市。潭州屬荊湖南路。轄縣十二。

媵：隨新娘而嫁之侍妾。《儀禮‧士昏禮》：「媵御餕。」注：「古者嫁女，必姪娣從之，謂之媵。」包公媵妾爲孫氏。

綖：玉篇：「綖，冕前後垂覆也。」《左傳‧桓公二年》：「衡紞紘綖。」注：「綖，冠上覆。」疏：「綖，以木爲幹，以玄布衣其上，謂之綖。」

案：今傳包公子嗣資料極少，研究困難。曾鞏〈孝肅包公傳〉曰：

---

14 周必大《文忠公集》卷 50〈跋包孝肅公帖〉已疑〈家訓〉非包公作，孔繁敏據周氏之言曰：「〈家訓〉是否爲包拯所作有待考辨。」孔說見〈包拯奏議的版本及繫年校補問題〉，《江淮論壇》，1985 年第 6 期。

「子綖。」〈國史本傳〉亦曰:「子綖。」二書皆未載包繶資料。吳奎〈包拯墓志銘〉曰:「七年五月己未,方視事,疾作以歸。上遣使賜良藥。辛未,遂以不起聞。車駕□□□□□□□□□□才五歲。上顧見,慘愴久之。」又曰:「子繶,太常寺祝,先公卒。繶五歲兒也。天子念公之忠,錄綖為太常寺太祝,及官其族子若孫。□□□□□女適陝州硤石縣□□□□□□國子監主簿文效。」張田〈宋故永康郡董氏墓志銘〉:「二子:長曰繶,早卒;次曰綖,大理評事。二女:一適硤石縣主簿王向;一適文效,皆士族佳器。繶妻崔氏者,□幼卒,且無子。」綜合本傳及相關資料,可得知:一、包公長子包繶曾任太常寺太祝,通判潭州,卒於仁宗皇祐五年(西元一〇五三年),時包公五十五歲。包繶卒時,妻崔氏年十九歲,則包繶應為二十歲以上。考包公父母約卒於包公三十六、七歲時,然則,包繶出生時,包公父母尚健在,猶得含飴弄孫。二、包公次子綖,曾任太常寺太祝、大理評事、國子監丞。據吳奎〈包拯墓志銘〉,包公卒時,次子綖年方五歲,則綖當生於包公五十九歲時,亦即長子包繶卒後四年。又〈孝肅包公傳〉、〈國史本傳〉、〈包拯墓志銘〉,皆言次子名綖。而〈宋故永康郡董氏墓志銘〉載:「次曰綖。」,則次子本名應為綖,後乃改名為綬。綬,《爾雅·釋器》:「綖,綬也。」注:「即佩玉之組,所以連繫瑞玉者。」《文選·顏延之〈秋胡詩〉》:「結綬登王畿。」李善注:「綬,仕者所佩。」三、包公有二女。一適陝州硤石縣主簿王向,一適國子監主簿文效。四、包公媳婦崔氏,為一賢淑女子,但相關之史料亦不多。曾鞏〈孝肅包公傳〉、〈國史本傳〉中,皆未提及崔氏。吳奎〈包拯墓志銘〉,似亦未載崔氏事。《宋史》包拯本

傳中，約略提到崔氏守死不更嫁，密撫包綖之母二事，語焉
不詳。惟張田〈宋故永康郡董氏墓誌銘〉言之較詳，其言曰：
「繶妻崔氏者，□幼卒，且無子。孝肅與夫人意其盛少，將
俾還宗。崔聞，泣拜堂下曰：『舅，天下名公也。得□□□
□畢身足矣！況污家祠奉蒸嘗于先廟之末乎？』由是卒不
去。田嘗為〈崔節婦傳〉，言之詳矣。文效妻尤純孝，夫人
寢疾，與崔未始離席間，藥食不親調不敢進。綖方幼，二人
素助母姑，鞠愛之若己出，雖發於天性，抑亦公夫人教之致
歟！」〈崔節婦傳〉今不傳。張田所載，除守節外，又多侍
奉婆婆董氏、鞠愛包綖二事。崔氏守節不更嫁，亦見《宋史‧
列女傳》。《宋史》卷四百六十〈列女傳〉載：「崔氏，合肥
包繶妻。繶，樞密副使拯之子，早亡，惟一稚兒。拯夫婦意
崔不能守也，使左右嘗其心。崔蓬垢涕泣出堂下，見拯曰：
『翁，天下名公也。婦得齒賤獲，執澣滌之事幸矣，況敢汙
家乎！生為包婦，死為包鬼，誓無它也。』其後，稚兒亦卒。
母呂自荊州來，誘崔欲嫁其族人，因謂曰：『喪夫守子，子
死孰守？』崔曰：『昔之留也，非以子也，舅姑故也。今舅
歿，姑老矣，將舍而去乎？』呂怒，詛罵曰：『我寧死此，
決不獨歸，須爾同往也。』崔泣曰：『母遠來，義不當使母
獨還。然到荊州儻以不義見迫，必絕於尺組之下，願以屍還
包氏。』遂偕去。母見其誓必死，卒還包氏。」夫亡守節，
舅歿子卒，母迫之，尤不肯更嫁，亦難矣。盧州府志既載崔
氏守節之事，而又曰：「宋熙寧間，上其事，封永嘉郡君，
表其門閭，繶無子。」又據〈崔節婦墓誌銘〉，得知下列數
事：崔氏十九歲，嫁為包繶妻，二年而寡。有一子，名文輔，
五歲卒。姑董氏卒時，包公稚子包綖，猶為童孩，崔氏迎師

教導之，以至成人。包綬事崔氏如母，爲立族子包永年，爲崔氏繼子。崔氏卒於宋哲宗紹聖元年（西元一〇九四年）七月戊申，享年六十二。

又案：韓元吉〈廬州重建包馬二公祠堂記〉載：「始公之子綖通判潭州而卒，崔守志以事舅姑。公哀傷之甚，以爲無子，崔則告之曰：『公有幼子，尚可棄乎！』公駭而問所以？崔曰：『公囊所黜媵妾，生子於父母家，貌甚類公，能誦詩書，今七歲矣！』公喜，顧其夫人取之以歸，拊之曰：『汝非崔氏，不得爲吾子也。』」此記載有三誤：一、崔氏爲包公長子繶之妻，而非次子綖之妻。二、據吳奎〈包拯墓志銘〉，包公卒時，次子綖年方五歲，並非七歲。三、韓元吉似誤以爲包公長子繶卒時，次子綖已七歲。考包公五十五歲時，長子繶卒，而繶卒後四年，逮包公五十九歲時，次子綖始出生。長子繶卒時，次子綖尚未出生。

有奏議十五卷。

案：包拯奏議有十五卷本、十卷本兩種，分述如下：一、十五卷本。吳奎〈包拯墓志銘〉載：「前後奏議爲十五卷。」《宋史·包拯傳》云：「有奏議十五卷。」〈國史本傳〉亦云：「有《奏議》十五卷。」此三種記載皆言包拯奏議爲十五卷，然今傳《包孝肅公奏議》爲十卷，故《包拯年譜》曰：「自南宋以後著錄包拯奏議集均爲十卷，估計十五卷本到南宋時已佚，或十五卷本跟本沒有付梓，而在張田十卷本刊行之後，逐漸失傳了。」二、十卷本。《宋史》卷二百八藝文七載：「包拯奏議十卷。」張田〈孝肅包公奏議集序〉：「公薨後三年，田守廬州，盡得公生平諫草于其嗣子大祝君。因取其大者列三

十門，凡一百七十一篇，爲十卷，恭題曰：《孝肅包公奏議集》，遂納諸家廟，庶與其後嗣亡窮也。」據此，包公奏議集爲包公卒後三年，由包公門生張田所編，共十卷，書名爲《孝肅包公奏議集》。今傳包公奏議集，爲十卷本，分三十門，共一百七十一篇，蓋即張田所編之本。此十卷本書名有六異稱：（一）《孝肅包公奏議集》。此爲張田所恭題。（二）《包孝肅奏議》。陳振孫《直齋書錄解題》卷二二：「《包孝肅奏議》十卷。」馬端臨《文獻通考‧經籍考》七四：「《包孝肅奏議》十卷。」兩書所載相同。《四庫全書》亦作《包孝肅奏議》。（三）《包拯奏議》。《宋史》卷二百八藝文七載：「《包拯奏議》十卷。」此或僅爲記載包拯有奏議十卷，未必爲書名。（四）《包孝肅公奏議》。汪應辰《文定集》卷十：「《包孝肅公奏議》分門編類，其事之首尾，時之先後，不可考也。」汪應辰爲南宋人，曾重編包拯奏議。（五）《孝肅包公奏議》。趙磻老〈淳熙廬州刊本跋〉：「右《孝肅包公奏議》十卷。」（六）《包孝肅公奏議集》。胡儼〈正統江西刊本序〉：「宋《包孝肅公奏議集》十卷。」以上書名雖有異稱，實則同爲張田所編十卷本。張田十卷本原書名爲《孝肅包公奏議集》，而贊同用此書名者蓋寡，故異名滋多。今新興書局影印李瀚章原刻本，書名爲《包孝肅公奏議》，與汪應辰《文定集》所用書名同。此書名既用包公諡號，「包孝肅公」，又有「奏議」二字，顧名思義，即知爲包公奏議，應可爲固定書名，不宜再更改。

又案：吳奎〈包拯墓志銘〉曰：「前後奏議爲十五卷，皆授據古誼，究□時病，□德者之言。」吳奎亦曾任諫官，與包公熟識，爲包拯好友。包公卒於仁宗嘉祐七年（西元一〇六二年）五

月，葬於嘉祐八年（西元一〇六三年）八月，而吳奎〈包拯墓志銘〉即作於嘉祐八年八月，吳奎所言「前後奏議爲十五卷」，應爲可信。《宋史・包拯傳》云：「有奏議十五卷。」〈國史本傳〉亦云：「有奏議十五卷。」以上皆記載包拯奏議爲十五卷，應有所本，然則，包拯奏議原來應爲十五卷。而包公門生張田，於包公卒後三年，所編之包公奏議，爲十卷本，並非十五卷。張田所編十卷本，共有一百七十一篇，考各篇時代，最後一篇爲嘉祐四年（西元一〇五九年）權三司使時，所上〈請罷天下科率〉。嘉祐四年，亦僅有此篇奏議。嘉祐五年、六年、七年，此三年均未見奏議。考包公自慶曆三年（西元一〇四三年），四十五歲，任監察御史裏行，上〈請不修上清宮〉之後，除五十七歲降官知池州，及五十八歲、五十九歲權知開封府時，無奏議外，年年皆有奏議。至嘉祐四年（西元一〇五九年），包公六十一歲，計十三年間（扣除五十七歲、五十八歲、五十九歲，此三年未上奏議），共上奏章一百七十一篇。然自嘉祐四年歐陽脩彈劾包拯後，《包孝肅公奏議》中即無包公奏章，頗不合理。汪應辰《文定集》卷十：「如劾罷張方平、宋祁三司使，而奏議不載，豈包氏子孫所不欲以示人者耶。」汪氏以爲包公某些奏議，包氏子孫不欲以示人。《四庫全書總目》云：「應辰以爲其子孫諱之，非其實矣。」余則以爲包公奏議，原爲十五卷，後五卷即爲嘉祐四年以後奏議，或即爲劾罷張方平、宋祁三司使諸事，而張田刪除後五卷，編成十卷本[15]。蓋因後五卷所涉及之人，

---

15 趙正群以爲包公奏議初編爲十五卷，但經張田選編之後，成僅有十卷的選集。與余所見不同。趙說見〈《四庫全書總目・包孝肅奏議十卷》勘誤〉，《遼寧大學學報（哲學社會科學版）》總第 104 期，1990 年第 4 期。

當時皆居朝廷高位，握有大權。如後五卷刊行，包氏子孫恐將得罪權貴。故嘉祐八年（西元一○六三年，包公卒後一年），吳奎作〈包拯墓志銘〉時，所見奏議為十五卷，而英宗治平二年（西元一○六五年，包公卒後三年），張田刪後五卷，編包公奏議為十卷，序中僅言包公奏議十卷，不提十五卷之事。汪氏所疑，即其實也。考包公一生惟有奏議傳世，無其他著作，其奏議之珍貴，可想而知，後五卷被刪，良可惜也。

參、結　論

　　以上已將《宋史‧包拯傳》，逐字疏證，人名、地名、官名，註解清楚；疑難問題，詳加探討。其中有些問題，已經解決，有些問題，因資料不足，目前尚無法解決，只能提出合理假設。待他日，如有新出土史料，或許能解決其他疑難問題。而綜合《宋史‧包拯傳》及其他相關文獻，可得知數事：

一、包公為一孝子。包公二十九歲舉進士，然遲至三十九歲始正式出仕，即因孝養父母，不忍離別父母。包公舉進士後，先除大理評事，出知建昌縣。建昌縣為江南東路南康軍轄縣，包公以父母皆老，辭不就。又改為監和州稅，和州為廬州鄰郡，亦屬淮南路，父母又不欲包公行，包公即解官歸養。後數年，雙親繼亡，拯廬墓終喪，猶徘徊不忍去。由此數事，可知包公之孝順，故包公卒後，其諡號為孝肅，即表章其孝。

二、包公主要官職為監察御史、轉運使、諫官，尤其在三司任職頗久。雖曾知天長縣、端州、揚州、廬州、池州，皆任滿即調職。

包公除在天長縣，審盜割牛舌一案外，實際升堂審案、判案，似乎不多。《宋史·包拯傳》亦只載盜割牛舌一案。

三、包公曾任三司戶部判官、三司戶部副使、三司使，皆為理財官。又曾任京東轉運使、陝西轉運使、河北轉運使、河北都轉運使，皆掌經度一路財賦。《包孝肅公奏議》中，亦多提及理財之事。包公之專長，似乎在理財，為專業之財經大臣。

四、包公自三十九歲出仕，迄六十四歲卒，一生皆在仕宦中渡過。而在漫長仕宦生涯中，包公發現的弊端，察知的民瘼，以及應興應革事項，皆一一寫成奏章，上疏皇帝。故包公著作唯有奏議，並無詩、文。此與當時其他官員，大不相同。

綜而言之，包公為一孝子，終養父母。為一忠臣，忠心為國。又為一清官，廉潔正直，一芥不取。又為良吏，精明幹練，長於財經。且鐵面無私，耿直敢言，不畏權勢。一生所為，無愧天地。

參考文獻

《春秋左傳注疏》　周·左丘明傳、晉·杜預注、唐·孔穎達疏、陸德明音義　《景印文淵閣四庫全書》144 冊　臺灣商務印書館 75 年 7 月

《舊唐書》　後晉·劉昫等撰　鼎文書局 65 年 10 月毺

《新唐書》　宋·歐陽脩、宋祁撰　鼎文書局 65 年 10 月

《宋史》　元·脫脫等撰　鼎文書局 67 年 9 月

《文獻通考》　元·馬端臨　新興書局 54 年 10 月新一版（《十通》）

《直齋書錄解題》　宋·陳振孫　臺灣商務印書館 67 年 5 月臺一版

《廬州府志》　清·張祥雲　中國方志叢書第 726 號　成文出版

社 74 年 3 月 7 月

《隆平集》　宋‧曾鞏　《景印文淵閣四庫全書》371 冊　臺灣
　　商務印書館 75 年 7 月

《東都事略》　宋‧王稱　《景印文淵閣四庫全書》382 冊　臺
　　灣商務印書館 75 年 7 月

《包孝肅公奏議》　宋‧包拯撰　新興書局 49 年 3 月

《四庫全書總目》　藝文印書館 63 年 10 月 4 版

《包拯集編年校補》　宋‧包拯撰　楊國宜整理‧祖保泉、葉孟
　　明審訂　黃山書社　1998 年 12 月

《包青天 ── 包拯文集》　北宋‧包拯撰　捷幼出版社 82 年 10 月

《包拯年譜》　孔繁敏編　黃山書社 1986 年 1 月

《包拯研究》　孔繁敏　中國社會科學出版社 1998 年

《夢溪筆談》　宋‧沈括　《景印文淵閣四庫全書》862 冊　臺
　　灣商務印書館 75 年 7 月

《歐陽文忠公集》　歐陽脩　《四部叢刊初編本》　臺灣商務印
　　書館 64 年 7 月

《涑水紀聞》　宋‧司馬光　《景印文淵閣四庫全書》1036 冊　臺
　　灣商務印書館 75 年 7 月

《文定集》　宋‧汪應辰　《景印文淵閣四庫全書》1138 冊　臺
　　灣商務印書館 75 年 7 月

《晦庵別集》　宋‧朱熹　《景印文淵閣四庫全書》1146 冊　臺
　　灣商務印書館 75 年 7 月

《文忠公集》　宋‧周必大　《景印文淵閣四庫全書》1147 冊
　　臺灣商務印書館 75 年 7 月

《荀學齋日記》　清‧李慈銘　在《越縵堂日記》第 11-16 冊　文
　　光圖書公司 52 年

《劉炳森書包公神道碑》　劉炳森　紫禁城出版社1990年9月

〈以革命批判精神　還包拯本來面目〉　蔣華、張海鵬、陳玉璟
　　《江淮評論》總21期1966年第1期。

〈《四庫全書總目‧包孝肅奏議十卷》勘誤〉　趙正群　《遼寧
　　大學學報（哲學社會科學版）》總第104期1990年第4期

〈包拯奏議的版本及繫年校補問題〉　孔繁敏　《江淮論壇》1985
　　年第6期

〈有關包拯的碑刻〉　李良學　《中原文物》總54期1990年第
　　4期

（本文刊登於《國立臺中技術學院人文社會學報》
創刊號，民國91年12月。）